JN125153

最新 同一労働同一賃金 27の実務ポイント

―令和3年4月完全施行対応―

共著　別城信太郎（弁護士）
　　　山浦　美紀（弁護士）
　　　西本　杏子（弁護士）

新日本法規

は し が き

　本書は、令和3年4月1日からパートタイム・有期雇用労働法の適用を受ける中小企業向けに企画された書籍です。

　書名を「最新　同一労働同一賃金　27の実務ポイント－令和3年4月完全施行対応－」としたこともあって、中小企業の担当者の皆様に同一労働同一賃金の実務対応に当たって、必要不可欠となるポイントに絞って、記述しました。

　加えて、令和2年10月に出た5つの最高裁判決の解説も交え、アップデートなものとしておりますので、大企業の担当者の皆様が読まれても頭の整理に役立つはずです。

　ところで、令和2年10月に出た最高裁判決を読んでも、最高裁判所の言わんとする所がよく分からないという声を時々お聞きします。上記最高裁判決を読むに当たっては、

①　パートタイム・有期雇用労働者が定年後の再雇用者か否か

②　問題となっている待遇が、基本給・賞与・退職金（いずれも事業主の経営判断が尊重される多義的な性質・目的を有する待遇）か、それともそれ以外の手当や福利厚生等（いずれも多くは、性質・目的が単一で明確な待遇）か

③　問題となっている待遇が、有為な人材の獲得・定着という視点が機能する性質・目的を有するものであるか否か

という問題意識を持って読むと、最高裁判所の言わんとするところが、分かるようになります。

　そもそも、同一労働同一賃金を定めるパートタイム・有期雇用労働法は技巧的な法律ですので、企業の皆様が、それを正しく理解するためには、どうしても道案内人を必要とします。本書が、同一労働同一賃金の道案内の指標として、何らかのお役に立てば、執筆者一同望外の喜びです。

なお、本書の出版に当たっては、新日本法規出版の出版企画局大阪企画渉外部の河村悟氏、宇野貴普氏、中村佳代子氏に大変お世話になりました。特に、中村佳代子氏には、最高裁判決後の執筆内容の変更があったことから、大変、ご迷惑をおかけすることになりました。中村佳代子氏の熱意あふれる激励があったからこそ、令和3年3月の出版に間に合わせることができました。新日本法規出版の関係者各位に深甚なる謝意を表します。

　令和3年3月

　　　　　　　　執筆者を代表して

　　　　　　　　　　　弁護士　　別城　信太郎

著　者　一　覧

別　城　信太郎（弁護士／鳩谷・別城・山浦法律事務所）

山　浦　美　紀（弁護士／鳩谷・別城・山浦法律事務所）

西　本　杏　子（弁護士／鳩谷・別城・山浦法律事務所）

略　語　表

<＜法令等の表記＞

　　根拠となる法令等の略記例及び略語は次のとおりです（〔　〕は本文中の略語を示します。）。

　　短時間労働者及び有期雇用労働者の雇用管理の改善等に関する法律第5条第2項第1号＝パート・有期雇用労働5②一

　　平成31年1月30日基発0130第1号・職発0130第6号・雇均発0130第1号・開発0130第1号＝平31・1・30基発0130第1等

パート・有期雇用労働〔パートタイム・有期雇用労働法〕	短時間労働者及び有期雇用労働者の雇用管理の改善等に関する法律
パート・有期雇用労働則〔パートタイム・有期雇用労働法施行規則〕	短時間労働者及び有期雇用労働者の雇用管理の改善等に関する法律施行規則
〔改正前パートタイム労働法〕	働き方改革を推進するための関係法律の整備に関する法律（平成30年法律第71号）による改正前の短時間労働者の雇用管理の改善等に関する法律
ガイドライン〔ガイドライン〕	短時間・有期雇用労働者及び派遣労働者に対する不合理な待遇の禁止等に関する指針
高年雇用	高年齢者等の雇用の安定等に関する法律
〔パートタイム・有期雇用労働指針〕	事業主が講ずべき短時間労働者及び有期雇用労働者の雇用管理の改善等に関する措置等についての指針
労基	労働基準法
労基則	労働基準法施行規則
労組	労働組合法

労契	労働契約法
〔改正前労働契約法〕	平成30年法律第71号による改正前の労働契約法
労働者派遣〔労働者派遣法〕	労働者派遣事業の適正な運営の確保及び派遣労働者の保護等に関する法律
労働者派遣則〔労働者派遣法施行規則〕	労働者派遣事業の適正な運営の確保及び派遣労働者の保護等に関する法律施行規則

＜判例等の表記＞

根拠となる判例の略記例及び出典・雑誌の略称は次のとおりです。

最高裁判所令和2年10月15日判決、労働判例1229号5頁
＝最判令2・10・15労判1229・5

判時	判例時報
判タ	判例タイムズ
労経速	労働経済判例速報
労判	労働判例

目　　次

第1章　基礎知識

第2章　実　　践

第1　総　　論

第2　制度設計

第3　説明義務

第3章　その他の諸問題

第 1 章

基礎知識

2

| ポイント1 | 同一労働同一賃金とは何か |

> 　我が国の「同一労働同一賃金」は、文字どおりの「同一の仕事に対して同一の賃金を支払う」ことを求めるものではなく、「不合理な待遇差の禁止」を求めるものです。

1　働き方改革と同一労働同一賃金

(1)　課　題

我が国の働き方を取り巻く課題としては、次の点が挙げられます。

① 少子高齢化

　これは、生産年齢人口の減少と社会保障費等の負担増を招きます。

② イノベーションの欠如による生産性向上の低迷と革新的技術への投資不足

③ 第4次産業革命の出現

　IoT（モノのインターネット）、ビッグデータ、AI（人口知能）及び多様かつ複雑な作業についても自動化を可能とするロボットといった各技術が融合して、第4次産業革命が起こりつつあります。これは、とりもなおさず、衰退する産業もあれば、勃興する産業もあるということです。また、技術革新が加速する中、刻々と高度化する先進技術を活用して新たな価値を創造できる人材が強く求められます。

　一方、国の借金は、令和2年3月末時点で1,114兆円を超え、国民1人当たり約885万円の借金を背負っていることになります。しかも、その後の新型コロナウイルスの緊急経済対策のために発行される赤字国債によって、国の借金の増大が加速しているという現実もあります。経済を縮小させるわけにはいかないということです。

　(2)　対　策

　では、そのような現状に対し、どのような対策が考えられるでしょうか。

　思いつくのは、次のとおりです。

①　労働参加率の向上を図る

　女性、高齢者、外国人にも、労働に参加してもらえる環境整備。言葉を変えて言えば、多様な働き方に対応できる環境整備です。

②　生産性の向上を図る

　先進国の中で、最低と言われる我が国の生産性の向上を図ることです。

③　柔軟な労働市場の形成

　付加価値の高い産業への転職・再就職支援のため、また、多様な働き方に対応できるための労働市場の形成です。

④　教育環境の整備

　誰でもチャンスがあるよう、また若いころに身に着けた能力や知識が陳腐化するのに対応するため、キャリア開発も含めた教育環境の整備です。

　(3)　働き方改革

　流行語とも言うべき「働き方改革」の2本柱が、長時間労働規制と同一労働同一賃金です。

　長時間労働規制には、健康被害を防止するという、同一労働同一賃金には、正規雇用と非正規雇用の待遇格差を是正するという、社会的側面があります。しかし、長時間労働規制と同一労働同一賃金には、前述の労働参加率の向上や生産性の向上を図るという経済的側面と、我が国の最大の課題ともいうべき少子化に対処し、ワークライフバランスを保ち、また、非正規雇用同士の夫婦が貧困から脱することによって、出生率の回復を図るといった狙いもあります。

　長時間労働規制や同一労働同一賃金の導入が、何故、労働参加率の向上や生産性の向上につながるのか、疑問に思われる方も少なくないと思います。まず、長時間労働規制は、女性が男性と同様の働き方やキャリア形成をするためには、男性の長時間労働が大きな阻害要因となっているという考え方に依拠します。次に、同一労働同一賃金について言えば、1つは多様な働き方ができるようにするためです。もう1つは、正規雇用と非正規雇用の理由なき格差を埋めていけば、自分の能力を評価されている納得感が生じ、納得感は労働者が働くモチベーションを誘引するインセンティブとして重要であり、それによって労働生産性が向上していくという考え方に依拠します。また、低賃金の非正規雇用労働者をなくすことによって、経済成長が賃上げにつながる基盤を作ることも目指しています。

　ともかくとして、我が国の同一労働同一賃金は、このような政策的視点から導入されたということに留意すべきです。

2　不合理な待遇差の禁止

　平成29年1月に、当時の安倍首相が、我が国への同一労働同一賃金の導入を明言しました。当初は、文字どおりの意味、つまり「同一の仕事に対して、同一の賃金を支払うように」という考えで、明言されたと言われています。

　しかし、最終的には、文字どおりの同一労働同一賃金の導入は断念します。それは、我が国には、同じ職務なら、企業を問わず同じ賃金となるという基盤がなく、そのような中で、各企業に当該賃金の合理性を立証しろと言っても、多くの企業でかかる立証ができないと予想されたからです。また、文字どおりの同一労働同一賃金を導入している国では、階層が固定化する、あるいは若者の失業率が高いという弊害もあります。文字どおりの同一労働同一賃金の下では、当該職務を

遂行する能力（技術や職業経験等）がなければ雇用されないわけですから、そのしわ寄せはその能力を欠く若者に来ることになります。結果として、我が国の同一労働同一賃金は、不合理な待遇差の禁止ということに落ち着きました。

3　中小企業と同一労働同一賃金

　同一労働同一賃金を定める法律は、パートタイム労働者及び有期雇用労働者については、パートタイム・有期雇用労働法であり、派遣社員については、労働者派遣法です。

　同一労働同一賃金につき、労働者派遣法は、大企業か中小企業かを問わず令和2年4月1日から適用され、パートタイム・有期雇用労働法は、大企業について令和2年4月1日から、中小企業について令和3年4月1日から適用されます。ただ、その適用前から、パートタイム労働者については、改正前パートタイム労働法8条及び9条に、有期雇用労働者については、改正前労働契約法20条に、同一労働同一賃金に関する規定が置かれていましたので、同条文をめぐる紛争の裁判例が存在し、パートタイム・有期雇用労働法の解釈や運用に当たっても、重要な先例としての価値を持っています。この点、改正前労働契約法20条とパートタイム・有期雇用労働法8条とでは、「文言としても、それを支える法的基盤の点でも大きな違いがある。」ので、改正前労働契約法20条に関する最高裁の解釈が最高裁で審理された事件後に成立し施行されたパートタイム・有期雇用労働法8条の解釈に継承されることはないとする見解もあります（水町勇一郎「不合理性をどう判断するか？」労判1228号27・28頁（2020））。しかし、一般的には、パートタイム・有期雇用労働法によって、新たな不合理な待遇差の禁止が創設されたわけでなく、規制が強化・明確化されただけであると解されているところです。

　なお、大企業となるか中小企業となるかの判断基準については、コ

ラム2を参照してください。

　では、中小企業にとって、同一労働同一賃金に関する規定に従うことは、どのような意味を持つのでしょうか。その規定に反したからといって、刑罰が科されるわけではありません。

　しかしながら、同一労働同一賃金に違反している場合、次のようなリスクがあります。

① 都道府県労働局長から、報告が求められ、又は、助言、指導若しくは勧告を受けることがあります。

② 非正規労働者が外部の合同労組に加入して、団体交渉や街宣活動等で、その違反を追及される場合があります。

③ 非正規労働者が、紛争調整委員会に調停を求めたり、裁判所に損害賠償の訴え等を提起するケースが考えられます。

④ 外部に同一労働同一賃金違反の情報がリークされ、企業の名誉・信用が傷つけられ、優秀な人材の確保が困難になったり、コンプライアンスを重視する取引先を失う可能性もあります。

　このようなリスクはありますが、一方で、大企業でも、その完璧な遵守はなかなか難しいものがありますので、中小企業の場合、完璧な遵守を徹底しようとするのではなく、多少のグレーゾーンが残ることはやむを得ないと割り切って、同一労働同一賃金に取り組むことが肝要です。

　また、新型コロナウイルスで、働き方が大きく変わろうとしている時期ですから、この同一労働同一賃金への取組みを前向きに考え、広く働き方全般についての棚卸しをする姿勢も重要かと思います。

コラム1	正規雇用と非正規雇用

　正規雇用は、①無期契約で雇用され、②フルタイムで働き、③直接雇用されている、その3つの要件を満たす労働者を指します。これに対して、その3つの要件のいずれかを欠く、つまり、①の無期雇用労働者に対する有期雇用労働者、②のフルタイム労働者に対するパートタイム労働者、③の直接雇用の労働者に対する間接雇用の派遣労働者を非正規雇用と呼びます。

　非正規雇用が大きな社会問題として取り上げられるのは、全労働者に占める割合が4割近くまで増え、かつ、家計の補助のために働くのでなく、非正規雇用で生計を維持する労働者が増えたことによります。非正規雇用であれば、雇用が不安定ともなりますし、そのため、有給休暇の取得など、正当な権利行使を躊躇させる要因ともなります。また、非正規雇用では、正規雇用の場合に比し大きな待遇格差があることが問題となっています。この格差は所得格差にとどまらず、結婚格差、教育格差等を招き、少子化や一人親家庭の貧困の原因にもなります。結局のところ、その格差は、次の世代にも引き継がれるという不公平の循環に陥らせる要因となっているという問題意識もあるのです。

ポイント2　不合理な待遇差の禁止とは

> 　我が国が導入した「不合理な待遇差の禁止」は、①賃金だけでなく、全ての待遇を対象としていること、②同一労働でなくても、不合理な相違を禁止しようとする規制であること、③前提条件を同じくする場合、同一取扱いをすべき場合があることに特徴があります。

1　賃金だけでなく全ての待遇を対象としていること

　不合理な待遇差の禁止を定めるパートタイム・有期雇用労働法8条の「『待遇』には、基本的に、全ての賃金、教育訓練、福利厚生施設、休憩、休日、休暇、安全衛生、災害補償、解雇等の全ての待遇が含まれる」とされています（平31・1・30基発0130第1等第3　3(6)）。

　したがって、待遇は、賃金は勿論、「労働契約の内容である労働条件」よりもさらに広く、解雇、配転、懲戒処分などの人事の個別的措置も含みます。その結果、例えば整理解雇を行う場合、正社員と有期雇用労働者とで、不合理と認められる相違を設けることは許されなくなりました。

2　同一労働でなくても、不合理な相違を禁止しようとする規制であること

　パートタイム・有期雇用労働法の前身である改正前労働契約法20条は、有期雇用労働者について、期間の定めがあることによる不合理な労働条件の禁止を定めていましたが、同条の趣旨を一番最初に明らかにしたハマキョウレックス事件最高裁判決（最判平30・6・1判時2390・96）及び長澤運輸事件最高裁判決（最判平30・6・1判時2389・107）は、いずれ

も同条について、「職務の内容、当該職務の内容及び配置の変更の範囲その他の事情（以下「職務の内容等」という。）を考慮して、その相違が不合理と認められるものであってはならないとするものであり、職務の内容等の違いに応じた均衡のとれた処遇を求める規定である」と判断しています。このような「職務の内容等の違いに応じた均衡のとれた処遇を求める規定である」との解釈は、要するに、同一労働でなくても、その違いに応じた均衡（バランス）のとれた処遇が求められるということにほかなりません。この点は、改正前労働契約法20条が改正前パートタイム労働法8条に統合されてできたパートタイム・有期雇用労働法8条の解釈としても変更はありません。

3　前提条件を同じくする場合、同一取扱いをすべき場合があること

(1)　2つの類型

「前提条件を同じくする場合」としては、大別して次の2類型があります。1つは、職務の内容並びに当該職務の内容及び配置の変更の範囲が同一の場合（以下「通常の労働者と同視すべきパートタイム・有期雇用労働者」といいます。）です。もう1つは、通常の労働者と同視すべきパートタイム・有期雇用労働者ではないが、「例えば、通勤手当、食堂の利用、出張旅費、安全管理のように職務の内容や当該職務の内容及び配置の変更の範囲と関連しない給付については、原則として同一の取扱い（均等待遇）が求められる」という場合です。後者の点は、 ポイント13 及び ポイント14 で解説しますので、ここでは前者に絞って説明します。

(2)　パートタイム・有期雇用労働法9条

ア　条　文

通常の労働者と同視すべきパートタイム・有期雇用労働者について、

一切の差別的取扱いが禁止されること（均等待遇が求められること）を定めたのが、パートタイム・有期雇用労働法9条です。同条は、①「職務の内容が通常の労働者と同一の」パートタイム・有期雇用労働者が、②「当該事業所における慣行その他の事情からみて、当該事業主との雇用関係が終了するまでの全期間において、その職務の内容及び配置が当該通常の労働者の職務の内容及び配置の変更の範囲と同一の範囲で変更されることが見込まれるもの」については、③パートタイム・有期雇用労働者であることを理由として、④「基本給、賞与その他の待遇のそれぞれについて差別的取扱いをしてはならない」と定めています。ただし、パートタイム労働者の労働時間、有期雇用労働者の労働契約の期間については、ここにいう「待遇」に含まれません。

　要するに、同条が適用されるための要件は、①の職務の内容の同一性と②の職務の内容及び配置の変更の範囲の同一性が認められるということです。

　　イ　職務の内容の同一性（前述ア①）

　この「職務の内容」とは、業務の内容及び当該業務に伴う責任の程度のことをいいます。そして、この同一性が認められるためには、パートタイム・有期雇用労働者と通常労働者を比較して、業務の内容が実質的に同一であること、当該業務に伴う責任の程度が著しく異ならないことが必要となります（平31・1・30基発0130第1等第3　4(4)・第1　4(2)ロ）。

　この詳細及び判断手順については、 ポイント3 を参照してください。

　　ウ　職務の内容及び配置の変更の範囲の同一性（前述ア②）

　この「職務の内容及び配置の変更の範囲」とは、人材活用の仕組み・運用等のことであり、具体的には転勤、昇進を含む人事異動や本人の

役割の変化等（配置の変更を伴わない職務の内容の変更を含みます。）のことを意味します（平31・1・30基発0130第1等第3　4(5)・第1　4(2)ハ）。

　要件の文言について見ていくと、「当該事業所における慣行」とは、当該事業所において繰り返し行われることによって定着している人事異動等の態様を指すものであり、「その他の事情」とは、例えば人事規程等により明文化されたものや当該企業において当該事業所以外に複数事業所がある場合の他の事業所における慣行等が含まれます。

　そして、「当該事業主との雇用関係が終了するまでの全期間」とは、当該パートタイム・有期雇用労働者が通常の労働者と職務の内容が同一となり、かつ、人材活用の仕組み、運用等が通常の労働者と同一となってから雇用関係が終了するまでの間のことを意味します。すなわち、事業主に雇い入れられた後、前述要件を満たすまでの間に通常の労働者と職務の内容が異なり、また人材活用の仕組み・運用等が通常の労働者と異なっていた期間があっても、その期間まで「全期間」に含めるものではなく、同一となった時点から将来に向かって判断するとされています。

　さらに、「見込まれる」とは将来の見込みも含めて判断されるものであり、したがって、期間の定めのある労働契約を締結している者の場合は、労働契約が更新されることが未定の段階であっても、更新をした場合にはどのような扱いがされるかということを含めて判断されます（平31・1・30基発0130第1等第3　4(6)〜(8)）。

　要するに、「職務の内容及び配置の変更の範囲の同一性」は、パートタイム・有期雇用労働者が、通常の労働者と職務の内容及び人材活用の仕組み・運用等が同一となってから雇用関係が終了するまでの間、転勤、昇進を含む人事異動や本人の役割の変化等（配置の変更を伴わない職務の内容の変更を含みます。）の有無や範囲が実質的に同一で

あるかを、将来の見込みも含め、当該事業所の慣行や人事規程等により判断することとなります。

　この同一性判断の詳細及び判断手順についても、　ポイント3　を参照してください。

　　エ　効　力

　パートタイム・有期雇用労働法9条に違反した場合は、そのような差別的取扱いは無効となりますが、無効となった場合に比較対象となった通常の労働者の待遇に代替されるわけではありません。しかし、同条違反は不法行為の違法性を備え、損害賠償責任が発生します。つまり、通常の労働者に支給される給与や賞与等との差額を損害賠償として請求することができるということです。

　また、整理解雇の場合、通常の労働者と同視すべきパートタイム・有期雇用労働者については、労働時間が短いことのみをもって通常の労働者より先にパートタイム労働者の解雇等をすることや、労働契約に期間の定めのあることのみをもって通常の労働者よりも先に有期雇用労働者の解雇等をすることは、解雇等の対象者の選定基準において差別的取扱いがなされていることとなり、同条違反となります。

コラム2	大企業と中小企業

　中小企業（中小事業主）に当たるかは、業種の分類に応じて、①資本金の額又は出資の総額と②常時使用する労働者数の2つの基準で判断されます。

　具体的には、以下の表のとおり、①資本金の額又は出資の総額、②常時使用する労働者数のいずれか一方が、業種ごとに定められた基準に該当すれば、中小企業に当たることになります。なお、これは、労働基準法138条の定める中小企業（中小事業主）の定義と同じものです。

業種	資本金の額又は出資の総額		常時使用する労働者数
小売業	5,000万円以下	又は	50人以下
サービス業			100人以下
卸売業	1億円以下		
上記以外の業種	3億円以下		300人以下

（例）　製造業（上表「上記以外の業種」）の場合

資本金	労働者数	中小企業 or 大企業
1億円	100人	中小企業
1億円	500人	中小企業
5億円	100人	中小企業
5億円	500人	大企業

（出典：厚生労働省ホームページ「令和2年就労条件総合調査　結果の概況」における「用語の説明」(https://www.mhlw.go.jp/toukei/itiran/roudou/jikan/syurou/20/dl/yougo.pdf（2021.02.03））を加工して作成）

　なお、①資本金の額又は出資の総額について、個人事業主、医療法人や社会福祉法人等の「資本金」や「出資金」の概念がない事業主の場合は、常時使用する労働者数のみで判断することになります（改正労働基準法に関するＱ＆Ａ（厚生労働省労働基準局、平成31年4月）2-22）。

　また、②常時使用する労働者数について注意すべきなのは、以下の3点です。

　第1に、労働者にはパートタイム労働者やアルバイトも含むことです。

　第2に、派遣労働者は派遣元で、在籍出向者は出向元・出向先の両方で使用する労働者数にカウントします。

　第3に、労働者の数は事業所単位ではなく、企業単位で計算されることです。例えば、サービス業に該当する保育所を6か所で運営する社会福祉法人が、各保育所で労働者を20人ずつ使用している場合、企業単位で数えると常時使用する労働者数は120人となり、社会福祉法人は、資本金の額や出資の額がないサービス業であるため、常時使用する労働者数が100人を超えることになり、大企業として扱われます。

ポイント3　不合理かどうかを判断する考慮要素とは

> 　不合理かどうかを判断する考慮要素は、①職務の内容、②職務の内容及び配置の変更の範囲、③その他の事情の3つです。

1　パートタイム・有期雇用労働法8条

　パートタイム・有期雇用労働者について、不合理な待遇差の禁止を定めるのが、パートタイム・有期雇用労働法8条です。

　同条は、事業主は、その雇用するパートタイム・有期雇用労働者の「基本給、賞与その他の待遇」のそれぞれについて、通常の労働者との間に、①「業務の内容及び当該業務に伴う責任の程度（職務の内容）」、②「職務の内容及び配置の変更の範囲」、③「その他の事情」のうち、「当該待遇の性質及び当該待遇を行う目的に照らして適切と認められるもの」を考慮して、不合理と認められる待遇の相違を設けてはならない旨を定めています。

　その結果、我が国の同一労働同一賃金を理解するためには、「職務の内容」、「職務の内容及び配置の変更の範囲」及び「その他の事情」という3つの考慮要素を理解することが不可欠です。この3つの考慮要素の理解なくしては、実践編のポイント（ ポイント7 ～ ポイント 24 ）の理解ができません。

　なお、ここでは「職務の内容」及び「職務の内容及び配置の変更の範囲」の2つを説明し、「その他の事情」については、 ポイント4 で説明します。

　パートタイム・有期雇用労働法でも、改正前パートタイム労働法でも、考慮要素は変わりませんので、上記2つの考慮要素を分かりやすく説明した厚生労働省のパンフレットの図を引用します。

「職務の内容が同じ」かどうか

　職務の内容とは、業務の内容及び当該業務に伴う責任の程度をいいます。職務の内容が同じかどうかについては、次の手順にしたがって判断します。

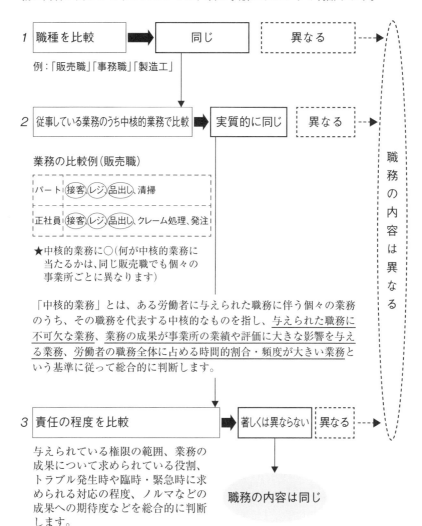

1　職種を比較　　➡　同じ　　　　　異なる

例：「販売職」「事務職」「製造工」

2　従事している業務のうち中核的業務で比較　➡　実質的に同じ　　異なる

業務の比較例（販売職）

パート　接客　レジ　品出し、清掃

正社員　接客　レジ　品出し、クレーム処理、発注

★中核的業務に○（何が中核的業務に
　当たるかは、同じ販売職でも個々の
　事業所ごとに異なります）

　「中核的業務」とは、ある労働者に与えられた職務に伴う個々の業務のうち、その職務を代表する中核的なものを指し、与えられた職務に不可欠な業務、業務の成果が事業所の業績や評価に大きな影響を与える業務、労働者の職務全体に占める時間的割合・頻度が大きい業務という基準に従って総合的に判断します。

3　責任の程度を比較　　➡　著しくは異ならない　異なる

与えられている権限の範囲、業務の
成果について求められている役割、
トラブル発生時や臨時・緊急時に求
められる対応の程度、ノルマなどの
成果への期待度などを総合的に判断
します。

職務の内容は異なる

職務の内容は同じ

「職務の内容・配置の変更の範囲（人材活用の
仕組みや運用など）が同じ」かどうか

　通常の労働者とパートタイム・有期雇用労働者の職務の内容・配置の変更
の範囲が同じかどうかについては、次の手順に従って判断します。

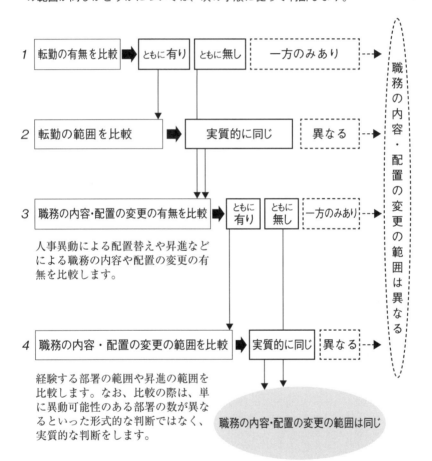

（出典：厚生労働省ホームページ「パートタイム・有期雇用労働法の概要」（令和
2年8月）https://www.mhlw.go.jp/content/11900000/000668608.pdf（2021.
02.03））

　また、以下の２及び３は、「短時間労働者及び有期雇用労働者の雇用管理の改善等に関する法律の施行について」（平31・1・30基発0130第1等第1　4(2)ロ・ハ）及び厚生労働省の「パートタイム・有期雇用労働法のあらまし」（令和2年9月）に基づき解説しています。

２　職務の内容の同一性

(1)　職務の内容

　職務の内容とは、業務の内容及び当該業務に伴う責任の程度のことをいいます。職務の内容が同一であるといえるためには、パートタイム・有期雇用労働者と通常の労働者を比較して、業務の内容が実質的に同一であること、業務に伴う責任の程度が著しく異ならないことが必要です。なお、「通常の労働者」については、　ポイント６　を参照してください。

(2)　業務の内容の実質的な同一性

　まず、パートタイム・有期雇用労働者と通常の労働者を比較して、業務の種類が同じであるかどうかを確認します。業務の種類は、「厚生労働省編職業分類」の細分類を目安としますが、前記１の図では、「販売職」、「事務職」、「製造工」などのくくりが例に挙げられています。ここで業務の種類が異なれば、職務の内容が同一ではないと判断することになります。

　次に、業務の種類が同一であれば、比較対象となる通常の労働者とパートタイム・有期雇用労働者の職務について、業務分担表、職務記述書等により個々の業務に分割し（例として販売業であれば、「接客」や「レジ打ち」、「品出し」、「清掃」など）、その中から中核的業務を抽出して、パートタイム・有期雇用労働者と通常労働者の業務内容が実質的に同じかどうかを判断します。なお、中核的業務か否かについて

は、前記1の図の中の説明文を参照してください。

　この中核的業務が同じであれば、業務の内容は実質的に同一である
と判断し、中核的業務が明らかに異なっていれば業務の内容が異なる
ため職務の内容も異なると判断します。なお、中核的業務が一見異な
る場合でも、当該業務に必要な知識や技能の水準等も含めて比較した
上で業務内容が実質的に同一であるかどうかを判断します。

　このような手順を経て、業務内容が実質的に同一であると判断され
た場合は、引き続いて業務に伴う責任の程度を検討します。

　(3)　業務に伴う責任の程度

　業務に伴う責任の程度の比較は、付与されている権限の範囲（単独
で契約締結可能な金額の範囲、管理する部下の数、決裁権限の範囲等）、
業務の成果について求められる役割、トラブル発生時や臨時・緊急時
に求められる対応の程度、ノルマ等の成果への期待の程度、これらの
補充的指標として所定外労働の有無及び頻度等をもって総合的に判断
します。管理する部下の人数が1人でも違えば責任の程度が異なると
いった判断をするのではなく、責任の程度の差が著しいといえるかど
うかを判断します。また、いずれの要素も役職名等の外見的なものだ
けで判断せず、実態をもって比較します。

　このような手順を経て、業務の内容が実質的に同一であり、当該業
務に伴う責任の程度が著しく異ならないといえれば、職務の内容が同
一であるといえます。

3　職務の内容及び配置の変更の範囲の同一性

　(1)　職務の内容及び配置の変更の範囲（人材活用の仕組み・運用
　　　等）

　前記2により、パートタイム・有期雇用労働者と通常の労働者を比

較して職務の内容が同一であるといえる場合には、引き続いて人材活用の仕組み・運用等を比較することになります。具体的には転勤、昇進を含む人事異動や本人の役割の変化等（配置の変更を伴わない職務の内容の変更を含みます。）の比較です。

(2)　職務の内容及び配置の変更の範囲の同一性

人材活用の仕組み・運用等が同一であるかどうかの判断に当たっては、1つ1つの職務の内容及び配置の変更の態様が同様であることを求めるものではなく、それらの変更が及び得ると予定されている範囲を画した上で、その同一性を判断します。

例えば、ある事業所において、一部の部門に限っての人事異動等の可能性がある者と、全部門にわたっての人事異動等の可能性がある者とでは、「配置の変更の範囲」が異なることとなり、人材活用の仕組み・運用等が同一であるとはいえないことになります。

ただし、この同一性の判断は、「範囲」が完全に一致することまでを求めるものではなく、「実質的に同一」と考えられるかどうかという観点から判断します。

ここでは、まず、通常の労働者とパートタイム・有期雇用労働者について、配置の変更に関して、転勤の有無を比較し、この時点で異なっていれば人材活用の仕組み・運用等が異なると判断します。他方、通常の労働者とパートタイム・有期雇用労働者の双方とも転勤するのであれば、全国転勤の可能性があるのか、エリア限定なのかといった転勤により異動が予定されている範囲を比較します。この時点で転勤の範囲が異なっていれば、人材活用の仕組み・運用等が異なると判断します。

そして、転勤が双方ともない場合、及び転勤は双方ともあって転勤の範囲が実質的に同一である場合は、職務の内容の変更の有無（配置

の変更の有無を問いません。）を比較します。この職務の内容の変更
の有無とは、人事異動による配置替えや、昇進などによる職務内容や
配置の変更等のことですが、通常の労働者とパートタイム・有期雇用
労働者の一方のみ変更がある場合は、人材活用の仕組み・運用等が異
なると判断し、双方とも変更がないのであれば、同一であると判断し
ます。

　そして、通常の労働者とパートタイム・有期雇用労働者の双方とも
変更があるのであれば、さらに職務の内容の変更により経験する可能
性のある範囲（部署の範囲や昇進の範囲）を比較します。この範囲が
同一であれば人材活用の仕組み・運用等は同一、変更の範囲が異なる
のであれば人材活用の仕組み・運用等は異なります。

| コラム３ | ハマキョウレックス事件 |

コラム３からコラム９では、同一労働同一賃金に関する最高裁の判決を順番に紹介します。

まず紹介するのは、運送会社で働く契約社員（有期雇用労働者）が、正社員との間に労働条件の差を設けるのは無効であるとして訴えたハマキョウレックス事件最高裁判決（最判平30・6・1判時2390・96）です。ちなみに、有期雇用労働者と正社員とでは、職務の内容には相違がなく、人材活用の仕組み・運用等には相違がある事案でした。

この判決では、次の表のとおり、5つの手当について、正社員との間に差を設けることは不合理と判断されています。

手当名	判　断	本件における手当支給の目的	判決理由
無事故手当	不合理	優良ドライバーの育成や安全な輸送による顧客の信頼の獲得を目的として支給。	正社員と契約社員の職務の内容が同じであり、安全運転および事故防止の必要性は同じ、将来の転勤や出向の可能性等の相違によって異なるものではない。
作業手当	不合理	特定の作業を行った対価として作業そのものを金銭的に評価して支給される性質の賃金。	正社員と契約社員の職務の内容が同じであり、作業に対する金銭的評価は、職務内容・配置の変更範囲の相違によって異なるものではない。
給食手当	不合理	従業員の食事に係る補助として支給。	勤務時間中に食事をとる必要がある労働者に対して支給されるもので、正社員と契約社員の職務の内容が同じであるうえ、職務内容・

			配置の変更範囲の相違と勤務時間中に食事をとる必要性には関係がない。
住宅手当	不合理ではない	従業員の住宅に要する費用を補助する趣旨で支給。	正社員は転居を伴う配転が予定されており、契約社員よりも住宅に要する費用が多額となる可能性がある。
皆勤手当	不合理	出勤する運転手を一定数確保する必要があることから、皆勤を奨励する趣旨で支給。	正社員と契約社員の職務の内容が同じであることから、出勤する者を確保する必要性は同じであり、将来の転勤や出向の可能性等の相違により異なるものではない。
通勤手当	不合理	通勤に要する交通費を補填する趣旨で支給。	労働契約に期間の定めがあるか否かによって通勤に必要な費用が異なるわけではない。正社員と契約社員の職務内容・配置の変更範囲が異なることは、通勤に必要な費用の多寡に直接関係はない。

（出典：厚生労働省ホームページ「パートタイム・有期雇用労働法対応のための取組手順書」https://www.mhlw.go.jp/content/000467476.pdf（2021.02.03））

ポイント4 　不合理かどうかを判断するための「その他の事情」とは

> 不合理かどうかを判断するための3つの考慮要素の1つである「その他の事情」は、「職務の内容」並びに「職務の内容及び配置の変更の範囲」に関連する事情に限定されるものではなく、考慮する必要があると判断されれば、広い範囲にわたる様々な事情を、その中に含めることができます。

1　施行通達で示されている「その他の事情」

　施行通達は、「その他の事情」について、職務の成果、能力、経験、合理的な労使の慣行、事業主と労働組合との間の交渉といった労使交渉の経緯など諸事情が想定されるものであり、考慮すべきその他の事情があるときに考慮すべきものであるとしています。また、「有期雇用労働者が定年に達した後に継続雇用された者であること」や「待遇の相違の内容等について十分な説明をしなかったと認められる」ことも「その他の事情」に含まれるという解釈を示しています。（平31・1・30基発0130第1等第3　3(5)）

　ちなみに、パートタイム・有期雇用労働法は、行政取締法規の1つですが、実際に指導等に当たる行政機関がそれぞれバラバラの解釈・運用を行えば、混乱や不公平が生じます。そのため、上級行政機関が、関係下級行政機関及び職員に対して、当該法律の解釈・運用を示すために作成・発出されるのが施行通達です。

2　裁判例で考慮されている「その他の事情」

　いずれも、期間の定めがあることによる不合理な労働条件の禁止を

定めた改正前労働契約法20条に関する裁判例ですが、次のような事情を「その他の事情」と判断しています。

まず、コラム3で紹介するハマキョウレックス事件最高裁判決（最判平30・6・1判時2390・96）では、「両者の労働条件が均衡のとれたものであるか否かの判断に当たっては、労使間の交渉や使用者の経営判断を尊重すべき面があることも否定し難い」と述べられました。

また、コラム4で紹介する長澤運輸事件最高裁判決（最判平30・6・1判時2389・107）では、前述の定年退職後に再雇用された者であることや再雇用者の基本給及び歩合給が正社員の基本給、能率給及び職務級に対応することを「その他の事情」として考慮されると判断したほか、「賃金に関する労働条件」について、ハマキョウレックス事件最高裁判決より、もう一歩踏み込んで、次のように判断しています。すなわち、「労働者の賃金に関する労働条件は、労働者の職務内容及び変更範囲（執筆者注：職務の内容並びに当該職務の内容及び配置の変更の範囲。以下同じです。）により一義的に定まるものではなく、使用者は、雇用及び人事に関する経営判断の観点から、労働者の職務内容及び変更範囲にとどまらない様々な事情を考慮して、労働者の賃金に関する労働条件を検討するものということができる。また、労働者の賃金に関する労働条件の在り方については、基本的には、団体交渉等による労使自治に委ねられるべき部分が大きいということもできる。」との判断です。なお、同最高裁判決では、「有期契約労働者と無期契約労働者との労働条件の相違が不合理と認められるものであるか否かを判断する際に考慮されることとなる事情は、労働者の職務内容及び変更範囲並びにこれらに関連する事情に限定されるものではない」と判断されています。

つまり、上記2つの最高裁判決は、①定年退職後に再雇用された者であること、②他の給付や待遇との関係性、③労使交渉の経緯、④雇用

及び人事に関する使用者の経営判断が「その他の事情」に含まれ得ると判断しているのです。

　次に、コラム5で紹介する大阪医科薬科大学事件最高裁判決（最判令2・10・13労判1229・77）では「教室事務員である正職員が他の大多数の正職員と職務の内容及び変更の範囲を異にするに至ったことについては、教室事務員の業務の内容や第1審被告が行ってきた人員配置の見直し等に起因する事情が存在したものといえる。また、アルバイト職員については、契約職員及び正職員へ段階的に職種を変更するための試験による登用制度が設けられていたものである。これらの事情については、教室事務員である正職員と第1審原告との労働条件の相違が不合理と認められるものであるか否かを判断するに当たり、労働契約法20条所定の『その他の事情』（中略）として考慮するのが相当である。」と判断され、コラム6で紹介するメトロコマース事件最高裁判決（最判令2・10・13労判1229・90）では「売店業務に従事する正社員が他の多数の正社員と職務の内容及び変更の範囲を異にしていたことについては、第1審被告の組織再編等に起因する事情が存在したものといえる。また、第1審被告は、契約社員A及び正社員へ段階的に職種を変更するための開かれた試験による登用制度を設け、相当数の契約社員Bや契約社員Aをそれぞれ契約社員Aや正社員に登用していたものである。これらの事情については、第1審原告らと売店業務に従事する正社員との労働条件の相違が不合理と認められるものであるか否かを判断するに当たり、労働契約法20条所定の『その他の事情』（中略）として考慮するのが相当である。」と判断されています。また、コラム7及びコラム8で紹介する日本郵便（東京・大阪）事件最高裁判決（最判令2・10・15労判1229・58、労判1229・67）でも、「正社員に登用される制度が設けられており、人事評価や勤続年数等に関する応募要件を満たす応募者について、適性試験や面接等により選考される。」点が「その他の事

情」として挙げられています。

　要するに、上記4つの最高裁判決では、⑤正社員登用制度が「その他の事情」として考慮され、その4つのうちの大阪医科薬科大学事件及びメトロコマース事件の最高裁判決では、⑥比較対象となる正社員が絞られていても、他の多数の正社員と職務の内容並びに職務の内容及び配置の変更の範囲を異にすることについて、然るべき特殊事情や過去の経緯があれば、不合理性を否定する方向に働く「その他の事情」として、また、⑦有為人材の獲得・定着論（コラム10参照）が賞与及び退職金の支給の有無の差異が不合理か否かを判断する上で重要な考慮要素となる「その他の事情」として、それぞれが勘案されています。

　そのほか、⑧パートタイム・有期雇用労働者にも一定額を支給する等の配慮（例えば賞与につき、有期雇用労働者に寸志が支給されている事情）が「その他の事情」に当たるとする裁判例（井関松山製造所事件＝高松高判令元・7・8労判1208・25）があります。なお、高松高裁判決は、上告受理等されなかったため（最決令3・1・22判例集未登載）確定しています。

　また、学校法人産業医科大学事件（福岡高判平30・11・29判時2417・91）では、正規職員は長期雇用や年功的処遇を前提とし、その賃金体系も長期間雇用を前提に定められたものであると解されるのに対し、臨時職員は長期間雇用することを採用当時は予定していなかったものと推認されるところ、⑨臨時職員が30年以上も雇止めなく雇用されるという採用当時に予定していなかった雇用状態が生じたという事情（要するに、有期雇用労働者が長期勤続しているという事情）は、改正前労働契約法20条の「その他の事情」として考慮される事情に当たるとしています。

コラム4	長澤運輸事件

ここで紹介するのは、運送会社で働く定年退職後の再雇用者である嘱託乗務員（有期雇用労働者）が正社員である乗務員との間に労働条件の差を設けるのは無効であるとして訴えた長澤運輸事件最高裁判決（最判平30・6・1判時2389・107）です。因みに、嘱託乗務員である再雇用者と正社員とでは、職務の内容と職務の内容及び配置の変更の範囲とに相違がない事案でした。

この判決では、次の表のとおり、2つの手当について、正社員との間に差を設けることは不合理と判断されています。

手当名	判　　断	手当支給の目的	判決理由
正社員 ：能率給、 職務給 嘱託乗務員 ：歩合給	不合理ではない	能率給及び歩合給は労務の成果に対する賃金、職務給は職種に応じて定められた金額を支給	嘱託乗務員の基本賃金を定年退職時の基本給の水準以上とし、歩合給の係数を能率給よりも高く設定しており、基本給とこれらの手当の合計額を正社員と比較すると減額率は約2%～12%にとどまる上、嘱託乗務員には老齢厚生年金等が支給される。
精勤手当	不合理	休日以外は1日も欠かさずに出勤することを奨励する趣旨で支給	正社員と嘱託乗務員の職務の内容が同一である以上、皆勤を奨励する必要性に相違はない。
住宅手当	不合理ではない	住宅費の負担に対する補助として支給	幅広い世代の労働者が存在し得る正社員にはこれらの費用を補助することに相応

			の理由がある一方で、嘱託乗務員は定年退職して老齢厚生年金等の支給を受けることが予定されており、不合理な相違ではない。
家族手当		従業員の家族を扶養するための生活費に対する補助として支給	
役付手当	不合理ではない	正社員の中から指定された役付者に対する支給	手当の趣旨からして、不合理な相違ではない。
超勤手当	不合理	時間外労働等に対する割増賃金を支払う趣旨で支給	嘱託乗務員に対する精勤手当の不支給が不合理であるから、正社員の超勤手当の計算基礎に精勤手当が含まれるのに対して、嘱託乗務員の場合に含まれないという相違は不合理。
賞与	不合理ではない	労務の対価の後払い、功労報償、生活費補助、労働者の意欲向上等の趣旨で支給	嘱託乗務員は、定年退職に当たり退職金を受給し、老齢厚生年金等を受給する予定であって、嘱託乗務員の賃金は定年退職前の79％程度と収入の安定に配慮されている。

ポイント5　　手当の待遇差が不合理か否かの判断手順とは

手当の待遇差が不合理か否かの判断手順は、
①　その手当の性質・目的を支給要件等から認定する。
②　その手当が支給されていないパートタイム・有期雇用労働者には、その手当の決定基準・ルールがないので、①で認定したその手当の性質・目的に照らし、正社員の決定基準・ルールを適用できないかを検討する。
③　適用できる場合、その手当が「職務の内容」や「職務の内容及び配置の変更の範囲」との結びつきがあるか、また、正社員とパートタイム・有期雇用労働者とで、結びつきのある考慮要素等（ ポイント12 から ポイント14 までのそれぞれ1で指摘する「前提条件」に同じ。）に違いがあるかを検討し、不合理か否かを判断する。
④　③の段階では、待遇差が不合理と判断される場合、「その他の事情」でその不合理との判断を覆せないかを検討する。
⑤　①〜④の手順を経て、不合理か否かの最終結論を出す。

1　手当の待遇差を取り上げる理由

　基本給・賞与・退職金については、正社員とパートタイム・有期雇用労働者とで、その決定基準・ルールが異なるのが一般的です。そのため、両者の間で、「職務の内容」並びに「職務の内容及び配置の変更の範囲」が異なり、かつ、正社員の待遇が有為な人材の獲得・定着という目的に則したもの（例えば、賃金体系が職能給制度であるなど）となっていれば、上記の決定基準・ルールが異なることの合理的説明ができ、不合理と判断されることは稀です（ ポイント10 参照）。そ

こで、 ポイント5 では、手当の待遇差を取り上げ、その待遇差の不合理性の判断手順を説明します。

2 ハマキョウレックス事件最高裁判決の判断手順

ハマキョウレックス事件最高裁判決（最判平30・6・1判時2390・96）に則して、作業手当を例に、具体的な判断手順を説明します。

(1) 最高裁判決の判断

ハマキョウレックス事件では、正社員である乗務員と有期の契約社員である乗務員との賃金格差が問題となりましたが、正社員と契約社員とでは、「職務の内容」は同一、「職務の内容及び配置の変更の範囲」（以下「人材活用の仕組み・運用等」といいます。）は異なると認定されています。

最高裁は、「㋐作業手当は、特定の作業を行った対価として支給されるものであり、作業そのものを金銭的に評価して支給される性質の賃金であると解される。しかるに、㋑上告人の乗務員については、契約社員と正社員の職務の内容は異ならない。また、職務の内容及び配置の変更の範囲が異なることによって、行った作業に対する金銭的評価が異なることになるものではない。加えて、㋒作業手当に相違を設けることが不合理であるとの評価を妨げるその他の事情もうかがわれない。㋓したがって、上告人の乗務員のうち正社員に対して上記の作業手当を一律に支給する一方で、契約社員に対してこれを支給しないという労働条件の相違は、不合理であると評価することができるものである」と判断しています（下線及び㋐〜㋓の符号は、執筆者が挿入）。

(2) 前記判断手順①の認定

判断手順①の「その手当の性質・目的を支給要件等から認定」したのが、前述(1)の判示㋐の箇所です。パートタイム・有期雇用労働法8条の不合理性の判断においては、全ての待遇につき、職務の内容、人

材活用の仕組み・運用等、その他の事情という3つの考慮要素によって
不合理か否かを判断するのではなく、まず、待遇の性質・目的を認定
し、それに照らして適切な考慮要素を選択して判断することになって
います。

　なお、日本郵便（佐賀）事件最高裁判決（最判令2・10・15労判1229・5）
は、長澤運輸事件最高裁判決（最判平30・6・1判時2389・107）を参照しな
がら、

・「両者の賃金の総額を比較することのみによるのではなく、当該賃
　金項目の趣旨を個別に考慮すべきものと解するのが相当である」
・「賃金以外の労働条件の相違についても、同様に、個々の労働条件
　の趣旨を個別に考慮すべきものと解するのが相当である。」

と判断し、日本郵便（東京）事件最高裁判決（最判令2・10・15労判1229・
58）でも同旨の判断がなされています。

　ちなみに、上記3つの最高裁判決は、いずれも期間の定めがあること
による不合理な労働条件の禁止を定める改正前労働契約法20条に関す
るものでしたが、パートタイム・有期雇用労働法8条では、「基本給、
賞与その他の待遇のそれぞれについて」の不合理な相違を設けること
を禁止することが規定上も明らかにされています。

　要するに、手当や休暇等についても、1つ1つ不合理か否かを判断し
ていく必要があるということです。

　(3)　前記判断手順②の検討

　判断手順②では、本来、当該待遇の決定基準・ルールが正社員と同
一か否かを検討するステップですが、問題となっている手当は、パー
トタイム・有期雇用労働者には支給されていないということですから、
決定基準・ルールが正社員と同一か否かを検討するのではなく、その
決定基準・ルールをパートタイム・有期雇用労働者にも適用すること
ができるかを検討します。その検討結果は、作業手当の性質・目的に

照らせば、パートタイム・有期雇用労働者にも適用できるというものです。前述(1)の判示⑦は、かかる判断を前提としています。

(4)　前記判断手順③の検討

適用できる場合、判断手順③の「その手当が『職務の内容』や『職務の内容及び配置の変更の範囲』との結びつきがあるかを検討」したのが、前述(1)の判示④の箇所です。ちなみに、

・「職務の内容」が同一の場合、その手当が「職務の内容」と結びつきがあるとき、不合理との判断に傾き、逆に「職務の内容」との結びつきがない、あるいは弱いとき、不合理の判断に影響しないことになります。

・「職務の内容」が異なる場合、その手当が「職務の内容」と結びつきがあるとき、不合理でないとの判断に傾き、逆に「職務の内容」との結びつきがない、あるいは弱いとき、不合理の判断に影響しないことになります。

これは、人材活用の仕組み・運用等が同一の場合、異なる場合も同様の分析となります（大内伸哉「キーワードからみた労働法第134回　ハマキョウレックス事件」ビジネスガイド859号86頁（2018））。

(5)　前記判断手順④の検討

判断手順③の段階では、待遇差が不合理と判断されている場合、「その他の事情」でその不合理との判断を覆せないか検討します（前述(1)の判示⑦の箇所）。「その他の事情」とし、どのような事情が考えられるかについては、 ポイント4 を参照してください。

(6)　前記判断手順⑤の最終結論

前述(1)の判示㋓の箇所です。

| コラム5 | 大阪医科薬科大学事件 |

コラム5からコラム9で紹介する最高裁判決は、いずれも令和2年10月に出されたものですが、いずれの事件でも、比較対象である通常の労働者との間で、職務の内容や、人材活用の仕組み・運用等にも相違があった事案です。

ここで紹介する大阪医科薬科大学事件は、有期労働契約を締結して教室事務員業務に従事していたアルバイト職員が、正職員との間における労働条件の相違は改正前労働契約法20条に違反すると主張して損害賠償を請求した事件です。

最高裁判決（最判令2・10・13労判1229・77）で判断されたのは上告受理された賞与及び私傷病による欠勤中の賃金の部分のみ、それ以外は上告受理等されていないため高裁判決（大阪高判平31・2・15判タ1460・56）で確定しました。

手当名等	相違の内容	判断	手当・休暇の趣旨	判決理由
賞与	正職員は支給あり アルバイトは支給なし	不合理ではない	労務の対価の後払い・一律の功労報償、将来の意欲向上等としての趣旨を含み、正職員として職務遂行し得る人材確保やその定着を図る目的により支給	賞与の目的を踏まえ、職務の内容及び配置の変更の範囲に一定の相違がある（1番原告と同じ）ほか、人事配置の見直しで教室事務の正職員が極めて少数になり、他の大多数の配置と職務の内容及び配置の変更の範囲を異にするに至ったこと、正職員への登用制度の存在等を考慮すると、不合理ではない。
私傷病による欠勤中の賃金	正職員は支給あり アルバイトは支給なし	不合理ではない	長期雇用を前提とした正職員の生活保障、雇用維持の目的	（賞与の項目で述べた事情に加えて）アルバイトは長期雇用を前提としていない、1番原告は勤務開始後2年余りで欠勤扱いとなって在籍期間は3年余りにとどまり、勤務が長期間に及んでおらず、契約が当然に更新されて継続す

原審の判旨	原審の判旨	判旨	理由
賃金	正職員は月給制 アルバイトは時給制（正職員の初任給と2割程度の格差）	不合理ではない	アルバイトが時給制、正職員が月給制という相違は賃金の定め方として一般的であること、アルバイトは短時間勤務者が6割を占めており、それに適した時給制を採用しているのは不合理ではないこと、アルバイトと正職員では職務、責任、異動可能性、求められる能力に大きな相違があること等。
年末年始等の休日における賃金支給	時給制のアルバイトは休日が増えれば賃金が減る	不合理ではない	正職員は月給制、アルバイトは時給制の帰結にすぎず、賃金体系が不合理ではない以上、不合理ではない。
年休日数	年休の算定方法に相違があり、正職員として採用された場合より1日少ない	不合理ではない	正職員について特定日を年休付与日として一律に扱っているのは、長期就労に伴う年休手続の省力化・簡便化（地裁判決の理由を維持）アルバイトは雇用期間が不定、長期間就労も想定されておらず、年休付与日を特定日に調整する必然性がないから、算定方法の相違は一定の根拠がある。
夏期特別有給休暇	正職員は5日 アルバイトはなし	不合理	蒸し暑い夏の心身のリフレッシュ、お盆・夏休みの帰省、家族旅行のため アルバイトでもフルタイム勤務は、夏期に相当程度の疲労を感じるため、少なくともフルタイムのアルバイトに付与しないのは不合理。
附属病院受診の医療費補助	正職員は補助あり アルバイトは補助なし	不合理な労働条件の相違ではない	医療費補助は恩恵的措置であり、労働条件に合まれない。

※る状況にあったともいえない。

以下 ポイント6 「通常の労働者」とは誰か

　パートタイム・有期雇用労働法において、「通常の労働者」が
誰を指すかが問題となるのは、大別して、不合理な待遇差の禁
止を定める同法8条の「当該待遇に対応する通常の労働者の待
遇との間において」という場合の「通常の労働者」と事業主の
説明義務を定める同法14条2項の「当該短時間・有期雇用労働者
と通常の労働者との間の待遇の相違の内容及び理由」という場
合の「通常の労働者」とです。前者の同法8条の比較対象者は、
労働者が選定する特定の「通常の労働者」であるのに対し、後
者の同法14条2項の説明義務履行の比較対象者は、事業主が選
定する特定の「通常の労働者」です。
　したがって、前者の「通常の労働者」と後者の「通常の労働
者」とが一致することもありますが、相違することもあります。
注意を要する点です。

1　パートタイム・有期雇用労働法8条の「通常の労働者」

（1）　はじめに

　この「通常の労働者」については、次の2つの視点から検討する必要
があります。1つ目の視点は、特定の「通常の労働者」を待遇に関係な
く、まず決定するのか、その特定をせず、「待遇」ごとに「通常の労働
者」が変わってもよいのかという視点です（以下「視点1」といいます。）。
2つ目の視点は、その「通常の労働者」を誰が決めるのか、具体的には、
パートタイム・有期雇用労働者か、それとも客観的に定まるので、最
終的に裁判所が判断するのかという視点です（以下「視点2」といいま
す。）。

(2)　視点1

　パートタイム・有期雇用労働法8条の文言は、「その雇用する短時間・有期雇用労働者の基本給、賞与その他の待遇のそれぞれについて、<u>当該待遇に対応する通常の労働者の待遇</u>との間において」となっています（下線は執筆者挿入）。そうしますと、特定の「通常の労働者」が、まず決定されなくとも、待遇ごとに「通常の労働者」は変わり得ると解釈するのが妥当です。

　ガイドライン「第2　基本的な考え方」もかかる解釈を前提としており、「短時間・有期雇用労働法第8条及び第9条並びに労働者派遣法第30条の3及び第30条の4の規定は、雇用管理区分が複数ある場合であっても、通常の労働者のそれぞれと短時間・有期雇用労働者及び派遣労働者との間の不合理と認められる待遇の相違の解消等を求めるものである。このため、事業主が、雇用管理区分を新たに設け、当該雇用管理区分に属する通常の労働者の待遇の水準を他の通常の労働者よりも低く設定したとしても、当該他の通常の労働者と短時間・有期雇用労働者及び派遣労働者との間でも不合理と認められる待遇の相違の解消等を行う必要がある。」と記述しています。

(3)　視点2

　この視点2は、言葉を変えて言えば、パートタイム・有期雇用労働法8条にいう比較対象となる「通常の労働者」は、パートタイム・有期雇用労働者が主張する「通常の労働者」に裁判所も拘束されるのかという問題提起の仕方も可能です。

　この点については、例えば、平成31年2月に東京高裁と大阪高裁で正反対の判決が出ていました。東京高裁は、「労働契約法20条が比較対象とする無期契約労働者を具体的にどの範囲の者とするかについて

は、その労働条件の相違が、労働者の業務の内容及び当該業務に伴う責任の程度（以下『職務の内容』という。）、当該職務の内容及び配置の変更の範囲その他の事情を考慮して、不合理と認められると主張する無期契約労働者において特定して主張すべきものであり、裁判所はその主張に沿って当該労働条件の相違が不合理と認められるか否かを判断すれば足りるものと解するのが相当である。」と判断した（メトロコマース事件＝東京高判平31・2・20労判1198・5）のに対し、大阪高裁は、「控訴人は、裁判所は、有期契約労働者側が設定した比較対象者との関係で不合理な相違があるかどうかを判断すべきであるとも主張するが、比較対象者は客観的に定まるものであって、有期契約労働者側が選択できる性質のものではない。」と判断していたのです（大阪医科薬科大学事件＝大阪高判平31・2・15判タ1460・56）。

　しかし、この点の対立は、両事件について、令和2年10月13日に最高裁の判断（コラム5とコラム6で紹介しています。）が示されたことによって、一応の決着がついたといえます。

　すなわち、最高裁は、前述の東京高裁の判断を支持しました。この点は、国会審議でも、加藤勝信厚生労働大臣が「非正規雇用労働者は、不合理な待遇差の是正を求める際には、通常の労働者の中でどの労働者との待遇差について争うのか、これについては選ぶことができるというふうに考えているところでございます。」と答弁していたところと合致します。

　しかし、特殊の事情があって、ある正社員又はあるグループの正社員とパートタイム・有期雇用労働者とで職務の内容等が近似しているにもかかわらず、当該正社員が、高い賃金を得ているようなケースもあるでしょう。その場合は、その特殊の事情を「その他の事情」とし

て考慮して、不合理か否かを判断することになります。

　現に、メトロコマース事件最高裁判決（最判令2・10・13労判1229・90）
では、次のように判断しており、大阪医科薬科大学事件最高裁判決（最
判令2・10・13労判1229・77）でも、同旨の判断が示されています。

・「第1審原告らにより比較の対象とされた売店業務に従事する正社
　員と契約社員である第1審原告らの労働契約法20条所定の『業務の
　内容及び業務に伴う責任の程度』（以下「職務の内容という。」）をみ
　ると、」

・「このように、売店業務に従事する正社員が他の多数の正社員と職
　務の内容及び変更の範囲を異にしていたことについては、第1審被
　告の組織再編等に起因する事情が存在したものといえる。（中略）
　これらの事情については、第1審原告らと売店業務に従事する正社
　員との労働条件の相違が不合理と認められるものであるか否かを判
　断するに当たり、労働契約法20条所定の『その他の事情』（以下、職
　務の内容及び変更の範囲と併せて「職務の内容等」という。）として
　考慮するのが相当である。」

2　パートタイム・有期雇用労働法14条2項の説明義務履行の比較対象となる「通常の労働者」

　パートタイム・有期雇用労働法14条2項の説明内容のうち、待遇の相
違の内容及び理由に関する説明をする際に比較の対象となる通常の労
働者は、職務の内容、職務の内容及び配置の変更の範囲等が、パート
タイム・有期雇用労働者の職務の内容、職務の内容及び配置の変更の
範囲等に「最も近い」と事業主が判断する通常の労働者であるとされ
ています。

そして、「職務の内容、職務の内容及び配置の変更の範囲等に最も近い」通常の労働者を選定するに当たっては、以下の順に「近い」と判断することとされています。

① 「職務の内容」並びに「職務の内容及び配置の変更の範囲」が同一である通常の労働者

② 「職務の内容」は同一であるが、「職務の内容及び配置の変更の範囲」は同一でない通常の労働者

③ 「職務の内容」のうち、「業務の内容」又は「責任の程度」が同一である通常の労働者

④ 「職務の内容及び配置の変更の範囲」が同一である通常の労働者

⑤ 「職務の内容」、「職務の内容及び配置の変更の範囲」のいずれも同一でない通常の労働者

同じ区分に複数の労働者が該当する場合には、特定の観点から更に絞り込むことが必要となりますが、いずれの観点から絞り込むかは、事業主の判断です。しかし、その選択した観点において、最も近いと考える者を選定する必要があります。

また、「通常の労働者」に関しては、例えば、以下を比較対象として選定することが考えられます。

㋐ 1人の通常の労働者

㋑ 複数人の通常の労働者又は雇用管理区分

㋒ 過去1年以内に雇用していた1人又は複数人の通常の労働者

㋓ 通常の労働者の標準的なモデル（新入社員、勤続3年目の一般職など）

事業主は、待遇の相違の内容及び理由の説明に当たり、比較対象として選定した通常の労働者及びその選定の理由についても、説明を求

めたパートタイム・有期雇用労働者に説明する必要があることから、理由の説明において結果的に比較の対象とした個人が特定され、個人の給与額を伝えることと等しくなる結果が生じるおそれがあります。その場合には個人情報の観点からの問題が生じますので、実際のところは、対象者が特定の1人となる㋐や㋒ではなく、それ以外の㋑、㋒（複数人の通常の労働者）又は㋓のいずれかを選択して、説明をするのがよいでしょう。

　なお、以上の解説は、「短時間労働者及び有期雇用労働者の雇用管理の改善等に関する法律の施行について」（平31・1・30基発0130第1等第310(6)・(7)）に基づいています。

コラム6　メトロコマース事件

メトロコマース事件は、有期労働契約を締結して地下鉄の駅構内の売店における販売業務に従事していた契約社員が、正社員との間における労働条件の相違は改正前労働契約法20条に違反するとして損害賠償等を請求した事件です。

最高裁判決（最判令2・10・13労判1229・90）で判断されたのは上告受理理由とされた退職金の部分のみ、それ以外は上告受理等されていないため高裁判決（東京高判平31・2・20労判1198・5）で確定しました。

手当名等	相違の内容	判断	手当の趣旨	判決理由
退職金	正社員は支給あり 契約社員は支給なし	不合理ではない	労務の対価の後払いや継続的な勤務等に対する功労報償等の性質を有し、人材確保やその定着を図るなどの目的により支給	退職金が有する複合的な性質や支給目的を踏まえ、正社員と契約社員とでは職務の内容及び配置の変更の範囲に一定の相違があるほか、一部の正社員が売店業務に従事している経緯や正社員等への登用制度の存在等を考慮すれば、不合理ではない。
原審の判旨				
本給	正社員は月給 契約社員は時給	不合理ではない		職務の内容及び配置の変更の範囲に相違があり、正社員には長期雇用を前提とした年功的賃金制度、有期契約労働者にはそれと異なる賃金体系とするのは一定の合理性があるほか、正社員等への登用制度もある。
資格手当	正社員は支給あり 契約社員は支給なし	不合理ではない	正社員の職務グループの各資格に応じて支給	契約社員の業務内容から、正社員と同様の資格を設けることは困難である。

			趣旨	
住宅手当	正社員は支給あり、契約社員は支給なし	不合理	従業員の住宅費等の生活費を補助する趣旨	生活費補助の必要性は職務の内容等によって差異が生ずるものでなく、正社員でも転居を伴う配置転換は想定されていない。
賞与	契約社員は、正社員よりも支給額が低い	不合理ではない	労務の対価の後払い、功労報償、生活補償、従業員の意欲向上等の趣旨	賞与の性格を踏まえ、長期雇用を前提とする正社員に対し賞与の支給を手厚くして有為な人材の獲得・定着を図るのは一定の合理性が認められる。また、時給制では賞与で大幅な労務の後払いが予定されていないし、賞与は労使交渉で決定されており、支給可能な賃金総額の配分という制約もある。
褒賞	正社員は支給あり、契約社員は支給なし	不合理	一定期間継続した従業員に対する褒賞	支給趣旨は、正社員、有期契約社員は原則として変わりなく、有期労働契約は原則として更新され、長期間勤続することが少なくない。
早出残業手当の割増率	正社員の割増率は、契約社員の割増率よりも大きい	不合理	特別の労働に対する一定額の補償、使用者に経済的負担を課すことによる時間外労働の抑制	時間外労働の抑制という観点から有期契約労働者と無期契約労働者とで割増率に相違を設けるべき理由はなく、使用者が法定の割増率を上回る割増率による割増賃金を支払う場合も同様であるほか、相違について、労使交渉が行われた形跡もない。

第 2 章

実　践

46

第1 総 論

ポイント7　中小企業が行うべき実務対応は何か

　中小企業が行うべき実務対応としては、以下を挙げることができます。
① 人事制度をチェック
② ①のチェックの結果、均等待遇を求めるパートタイム・有期雇用労働法9条に定める通常の労働者と同視すべきパートタイム・有期雇用労働者と考えられる者がいることが判明した場合、速やかに同条の適用を回避するための措置を検討・実行
③ 同法8条に定める不合理な待遇差が認められた場合、その是正を検討・実行
④ ②及び③の実行のため、就業規則や各種の規程を見直し・整備
⑤ パートタイム・有期雇用労働者への説明義務履行のための準備
　専門的な判断が必要ですので、適宜、弁護士や社会保険労務士といった人事労務の専門家に相談をすることも一手です。

---

1 はじめに

　令和3年4月1日から、中小企業にも、パートタイム・有期雇用労働法が適用されます。
　では、具体的に中小企業は、何をすべきなのでしょうか。
　大別して以下の2点、対応すべきことがあります。

2　不合理な待遇差の禁止・差別的取扱いの禁止を図るための人事制度のチェック（前記実務対応①）とその見直し（前記実務対応②及び③）及び規程等の整備（前記実務対応④）

　中小企業は、不合理な待遇差の禁止・差別的取扱いの禁止を図るために、今一度、社内の人事制度の見直しとそれに伴う規程の整備をする必要があります。

　不合理な待遇差の禁止・差別的取扱いの禁止の具体的な内容は、以下のとおりです。

　(1)　不合理な待遇の禁止（パート・有期雇用労働8）

　事業主は、その雇用するパートタイム・有期雇用労働者の基本給、賞与その他の待遇のそれぞれについて、当該待遇に対応する通常の労働者の待遇との間において、当該パートタイム・有期雇用労働者及び通常の労働者の①職務の内容（「業務の内容」＋「責任の程度」）、②当該職務の内容及び配置の変更の範囲並びに③その他の事情のうち、当該待遇の性質及び当該待遇を行う目的に照らして適切と認められるものを考慮して、不合理と認められる相違を設けてはならないことが定められました。

　(2)　差別的取扱いの禁止（パート・有期雇用労働9）

　事業主は、①職務の内容が通常の労働者と同一のパートタイム・有期雇用労働者であって、②当該事業所における慣行その他の事情からみて、当該事業主との雇用関係が終了するまでの全期間において、その職務の内容及び配置が当該通常の労働者の職務の内容及び配置の変更の範囲と同一の範囲で変更されることが見込まれるものについては、パートタイム・有期雇用労働者であることを理由として、基本給、賞与その他の待遇のそれぞれについて、差別的取扱いをしてはならな

いこと（均等待遇）が定められました。

　(3)　実務対応

　不合理な待遇差の禁止・差別的取扱いの禁止への実務対応として、以下のように実務対応①から④までが必要となります。

　まず、実務対応①は、自社に、パートタイム・有期雇用労働法の対象となる雇用形態の労働者がいるかを確認し、正社員との間に、不合理か否かはともかくとして、待遇差が存在するかどうかを確認するために必要となる作業です（具体的内容は ポイント8 を参照）。

　次に、実務対応②は、差別的取扱いの禁止を定めるパートタイム・有期雇用労働法9条の適用を回避するための工夫です（具体的内容は ポイント9 を参照）。

　次に、実務対応③は、不合理な待遇差の禁止を定めるパートタイム・有期雇用労働法8条に抵触しないようにするための作業です（具体的内容は ポイント10 から ポイント17 までを参照）。

　最後に、実務対応④は、実務対応②及び③を実行するために必要な規程等の見直し・整備作業です（具体的内容は ポイント10 から ポイント14 までのほか、 ポイント17 及び ポイント18 を参照）。

3　待遇に関する説明義務の履行準備（前記実務対応⑤）

　事業主は、パートタイム・有期雇用労働者を雇い入れたときは、速やかに、厚生労働省令の定める特定事項についても、これを明示した文書の交付等をしなければなりません（パート・有期雇用労働6①）。また、パートタイム・有期雇用労働法が、パートタイム・有期雇用労働者と通常の労働者の間で均等・均衡の待遇を実現するために事業主に講ずべきとされている措置の内容も、同時に説明する必要があります（パ

ート・有期雇用労働14①）。

　さらに、雇用時のみならず、パートタイム・有期雇用労働者が求め
た場合には、事業主は、パートタイム・有期雇用労働者と通常の労働
者との間の待遇の相違の内容及び理由等について、説明しなければな
りません（パート・有期雇用労働14②）。

　これらの説明のためのマニュアルや説明内容を記載した文書を準備
する必要があります。それが、実務対応⑤です。

　なお、以上の具体的内容については、ポイント19から ポイント
24 までを参照してください。

| コラム7 | 日本郵便（東京）事件 |

日本郵便（東京）事件は、有期労働契約を締結して郵便外務事務（配達等の事務）又は郵便内務事務（窓口業務等）に従事する時給制契約社員が、正社員との間における労働条件の相違は改正前労働契約法20条に違反すると主張して損害賠償等を請求した事件です。

最高裁判決（最判令2・10・15労判1229・58）で判断されたのは上告受理された年末年始勤務手当、病気休暇及び夏期冬期休暇の部分のみ（ただし、夏期冬期休暇は損害論のみ）、それ以外は上告受理等されていないため高裁判決（東京高判平30・12・13判時2426・77）で確定しました。

手当名等	相違の内容	判断	手当・休暇の趣旨	判決理由
年末年始勤務手当	正社員は支給あり　時給制契約社員は支給なし	不合理	郵便業務の正社員の特殊勤務手当の1つ。12月29日〜翌年1月3日の最繁忙期であり、多くの労働者が休日である同期間に同業務に従事したことへの対価。支給要件は、上記期間の勤務であり、正社員が従事した業務内容や難易度に関わらない。	手当の性質や支給要件等に照らせば、その趣旨は郵便業務を担当する時給制契約社員にも妥当する。
病気休暇	正社員は有給の休暇　時給制契約社員は無給の休暇	不合理	正社員の長期継続勤務への期待から、生活保障を図り、私傷病の療養に専念させることで、継続的な雇用を確保すること。	時給制契約社員であっても、相応の継続勤務が見込まれるのであれば、有給の病気休暇の趣旨が妥当するところ、相応の継続勤務が見込まれる。そのため、病気休暇の日数に相違を設けることはともかく、有給・無給の相

	原審の判旨			違は不合理。
夏期冬期休暇	正社員にはあり時給制契約社員にはなし	不合理	お盆や帰省のための趣旨が弱まり休息や娯楽のための休暇の意味合いが増しているが、国民一般に広く受け入れられている慣習的な休暇。	手当の趣旨からすれば、相違は不合理（佐賀）。夏期冬期休暇は、日本郵便（佐賀）事件最高裁判決（コラム9）も参照。
住居手当	正社員は支給あり時給制契約社員は支給なし	（旧一般職との関係では）不合理ではない（新一般職との関係では）不合理	従業員の住宅費用を補助。	（旧一般職）旧一般職は転居を伴う配置転換等が予定されているが、時給制契約社員はその予定がなく、旧一般職の方が住宅に要する費用が多額となり得る。（新一般職）新一般職も時給制契約社員も配置転換を伴う配置転換等が予定されていないため、住宅に要する費用は同程度である。

その他、外務業務手当、祝日勤務に対する祝日給、夏期年末手当、早出勤務等手当、夜間特別勤務手当及び郵便外務・内務業務精通手当は不合理ではないとした原審の判断が確定。

第2　制度設計

　ポイント8　　人事制度のチェックと見直しの手順は

　厚生労働省が「パートタイム・有期雇用労働法対応のための取組手順書」を発表しています。そのチェックシートをもとに、人事制度のチェックと見直しを以下のような手順で進めましょう（厚生労働省のシートを若干加筆・修正しています）。

① 　労働者の雇用形態を確認し、パートタイム・有期雇用労働法の対象となる労働者の有無をチェックします。

② 　待遇の状況を確認します。

③ 　待遇に違いがある場合、どの条文の問題かを念頭に置きつつ、待遇差を設けている理由を確認します。

④ 　②及び③で、待遇に違いがあった場合、その違いが、「不合理ではない」こと等を説明できるように整理します。

⑤ 　パートタイム・有期雇用労働法違反となるであろう場合、その是正を検討し、実行に移します。

　以上については、専門家のアドバイスを受けつつ、改善計画を立てて取り組むのがよいでしょう。

1　人事制度

　中小企業の場合、明確な人事制度設計の下でその制度が組み立てられているのは、稀かもしれません。必要に迫られ、パートタイム労働者や契約社員を順次採用し、結果として、今のような人事制度となったというのが、実態に沿っている場合が多いでしょう。

　しかし、パートタイム・有期雇用労働法は、明確な設計意思があっ

たかどうかはともかくとして、人事制度の見直しを迫りますので、そのためには現在の人事制度をチェックし見直しをすることが必要となります。その結果、見直し後の人事制度は、一定の設計意思の下に作られたと評価することができます。

　パートタイム・有期雇用労働法は、中小企業にも、人事制度の設計を求めているというのが正しい理解であろうと思います。そして、その制度設計のポイントは、 ポイント1 で説明した働き方改革の視点です。

2　人事制度をチェックするための作業手順を考える上で参考となる資料

　作業手順の全体像を理解するためには、厚生労働省の「不合理な待遇差解消のための点検・検討マニュアル（業界共通編）」の「不合理な待遇差の点検・検討の基本手順」の図表が分かりやすいです。コラムの前に、その図表を掲載します。

3　前記手順①及び②の労働者の雇用形態及び待遇の状況の確認

　まず、パートタイム・有期雇用労働法の対象となるパートタイム・有期雇用労働者がいるかどうかを確認します。

　そして、雇用形態ごとに待遇を整理し、通常の労働者を特定し、その通常の労働者との待遇差を個々の待遇（例えば、基本給、賞与、退職金、各種手当、時間外の割増率等）ごとに確認・整理します。

　その際、有為な人材の定着を図る視点があるかを検討する上で、パートタイム・有期雇用労働者の勤続年数の確認もしておくべきです。

　雇用形態及び待遇の状況の確認のためには、まず、次のような表の作成から入ればよいと思います（勤続年数の確認は、個々人ごとの労働者の状況を確認する段階で足ります。）。

	正社員	契約社員（有期）	パートタイム労働者（有期）
基本給	月給制（18万〜45万円）	日給制（1万〜1万5,000円）	時給制（950〜1,200円）
賞与	アリ（昨年実績　夏・冬で基本給の4倍）	寸志（昨年実績　夏・冬でそれぞれ3万〜5万円）	ナシ
退職金	アリ	ナシ	ナシ
役職手当	アリ	アリ（契約社員は主任止まりで、手当額は正社員と同額）	ナシ（ただし、役職に就いている者ナシ）
精皆勤手当	欠勤1日まで5,000円	欠勤ナシで3,000円	ナシ
運転手当	1日当たり500円	1日当たり300円	ナシ（ただし、運転業務に就いている者ナシ）
○○手当			
○○手当			
住宅手当	アリ（一律2万円）	アリ（一律1万円）	ナシ
家族手当	扶養配偶者1万円子供1人当たり5,000円	ナシ	ナシ

時間外手当の割増分	3割増し	2割5分増し	2割5分増し
休日手当の割増分	3割5分増し	3割5分増し	ナシ （休日出勤ナシ）

4　前記手順③の待遇に違いがある場合、待遇差を設けている理由の確認

　対象となるパートタイム・有期雇用労働者と、比較対象する通常の労働者との間に、待遇差が認められた場合、その理由を確認します。

　比較対象となる通常の労働者については、事業所ごとではなく、同一の事業主ごとに、パートタイム・有期雇用労働者と職務の内容、職務の内容・配置の変更の範囲等が最も近いと事業主が判断する無期雇用フルタイム労働者を選定することになります。

5　前記手順④の不合理ではないこと等の説明の準備

　パートタイム・有期雇用労働法では、事業者に、パートタイム・有期雇用労働者から求められた場合、通常の労働者との待遇の相違の内容とその理由についての説明義務を課しています（パート・有期雇用労働14②）。

　そのため、整理した待遇差の内容とその理由について、不合理ではないと認められる場合には、パートタイム労働者・有期雇用労働者からの求めに応じて、いつでも説明できるようにあらかじめ準備しておくことが必要です。

　説明を簡単かつ分かりやすく行うために、あらかじめ文書に記してまとめておくと便利です。その文書では、①比較対象となる正社員、②比較対象となる正社員の選定理由、③待遇の相違の有無及びその内

容、④待遇の相違がある場合にはその理由を表にしてまとめておくと
よいでしょう。

6　前記手順⑤のパートタイム・有期雇用労働法違反となるであろう場合の是正

　他方、待遇差が不合理である等と認められてしまうことが予想される場合には、改善に向けての検討を始める必要があります。

　どのように是正したらよいかは、ポイント9からポイント14までのほか、ポイント17及びポイント18を参照してください。

【図表】不合理な待遇差の点検・検討の基本手順

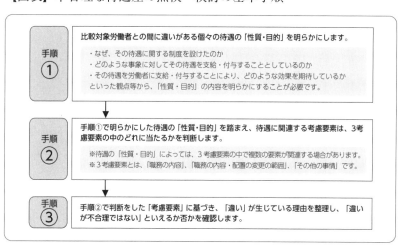

（出典：厚生労働省ホームページ「不合理な待遇差解消のための点検・検討マニュアル（業界共通編）」https://www.mhlw.go.jp/content/11909000/000494539.pdf（2021.02.03））

コラム8　日本郵便（大阪）事件

日本郵便（大阪）事件は、有期労働契約を締結して郵便外務事務（配達等の事務）に従事し、又は従事していた契約社員（月給制契約社員及び時給制契約社員）が、正社員との間における労働条件の相違は改正前労働契約法20条に違反すると主張して損害賠償等を請求した事件です。

最高裁判決（最判令2・10・15労判1229・67）で判断されたのは上告受理された年末年始勤務手当、年始勤務に対する祝日給、扶養手当及び夏期冬期休暇の部分のみ（ただし、夏期冬期休暇は損害論のみ）、それ以外は上告受理されていないため高裁判決（大阪高判平31・1・24労判1197・5）で確定しました。

手当名等	相違の内容	判断	手当・休暇の趣旨	判決理由
年末年始勤務手当	正社員は支給あり 契約社員は支給なし	不合理	郵便業務の特殊勤務手当の一つ。12月29日～翌年1月3日の最繁忙期が休日である同期間に同業務に従事したことへの対価。支給要件は、上記期間の勤務であり、正社員が従事した業務内容や難易度に関わらない。	手当の性質や支給要件等に照らせば、その趣旨は郵便業務を担当する契約社員にも妥当する。
年始勤務に対する祝日給	正社員は支給あり 契約社員は祝日給に対応する祝日割増賃金は支給なし	不合理	最繁忙期である年始期間の勤務の代償として、通常の賃金に所定の割増しをしたものを支給したもの。最繁忙期の労働力の確保。	契約社員は、契約期間が6か月以内又は1年以内とされており、1審原告らのように契約更新されるなど繁忙期に限定された短期間の勤務ではなく、業務の繁閑に関わらない勤務が見込まれて

項目	取扱い	判断	趣旨	判断理由
扶養手当	正社員は支給あり 契約社員は支給なし	不合理	正社員の長期継続勤務への期待から、生活保障や福利厚生を図り、継続的雇用を確保すること。	いるから、祝日給の支給趣旨は契約社員にも妥当する。契約社員も、扶養親族があり、相応の継続的な勤務が見込まれるならば、扶養手当の支給趣旨が妥当するところ、契約社員は契約期間が6か月以内又は1年以内とされており、1番原告らのように契約更新されるなど、相応に継続的な勤務が見込まれている。

原審の判旨

項目	取扱い	判断	趣旨	判断理由
夏期冬期休暇	正社員にはあり 契約社員にはなし	不合理	夏期休暇は心身の健康の維持・増進等、冬期休暇は冬期の一定期間に付与された特別の休暇。	雇用期間の長短の相違から異なる制度を設けること自体は一定の合理性があるが、契約が更新されて長期に及んだ場合には、手当の趣旨から相違を設ける根拠が薄弱。 ※夏期冬期休暇は、日本郵便（佐賀）事件最高裁判決（コラム9）も参照。

その他、外務業務手当、郵便外務業務精通手当、早出勤務等手当及び夏期年末手当は不合理ではない、また住居手当及び病気休暇（通算契約期間が5年超の者に病気休暇を付与しないこと）は不合理であるとした原審の判断が確定。なお、病気休暇は、日本郵便（東京）事件最高裁判決（コラム7）も参照。

　ポイント9　　均等待遇を定めるパートタイム・有期雇用労
　　　　　　　働法9条の「通常の労働者と同視すべきパート
　　　　　　　タイム・有期雇用労働者」と考えられる者がい
　　　　　　　る場合の対策は

　不合理な待遇差の禁止を定めるパートタイム・有期雇用労働
法8条に比べ、差別的取扱いの禁止を定める同法9条の適用要件
は明確ですので、その要件を満たさないようにする、つまり、
通常の労働者とパートタイム・有期雇用労働者とで、業務の内
容やその責任、人材活用の仕組み・運用等に明らかな差異を設
けることが肝要です。

1　差別的取扱いの禁止（均等待遇）の適用の有無

　パートタイム・有期雇用労働法9条は、　ポイント7　の2の(2)で説
明したように、事業主は、①職務の内容が通常の労働者と同一のパー
トタイム・有期雇用労働者であって、②当該事業所における慣行その
他の事情からみて、当該事業主との雇用関係が終了するまでの全期間
において、その職務の内容及び配置が当該通常の労働者の職務の内容
及び配置の変更の範囲と同一の範囲で変更されることが見込まれるも
の（以下「通常の労働者と同視すべきパートタイム・有期雇用労働者」
といいます。）については、パートタイム・有期雇用労働者であること
を理由として、基本給、賞与その他の待遇のそれぞれについて、差別
的取扱いをしてはならないこと（均等待遇）を定めています。

　ちなみに、ここでいう「その他の待遇」には、全ての賃金、教育訓
練、福利厚生施設、休憩、休日、休暇、安全衛生、災害補償、解雇等

の全ての待遇が含まれると解されています。ただし、パートタイム労働者の労働時間、有期雇用労働者の労働契約の期間については、ここにいう「待遇」に含まれません。

　結局のところ、パートタイム・有期雇用労働者に均等待遇が適用されると、事業主は通常の労働者の待遇との差額を損害賠償金として、当該パートタイム・有期雇用労働者に支払わなければなりません。しかも前述のように、均等待遇は基本給や手当だけでなく、賞与や退職金等の全ての待遇に及びます。したがって、均等待遇が求められるような事態となれば、これは事業主にとって、正に大変なことです。

　しかし、一方で、差別的取扱いの禁止を定めるパートタイム・有期雇用労働法9条は、その要件が前述①と②であって、同法8条に定める「その他の事情」が考慮されない点において、また、不合理か否かの判断が難しい同法8条との対比において、その要件と効果が明確です。

2　均等待遇の適用対象者が有期雇用労働者に拡大されたことによる影響

　ところで、改正前パートタイム労働法では、均等待遇の適用対象者はパートタイム労働者に限定されており、厚生労働省の「平成28年パートタイム労働者総合実態調査の概況」によれば、正社員と職務の内容並びに職務の内容及び配置の変更の範囲（以下「人材活用の仕組み・運用等」といいます。）が同じパートタイム労働者の割合は1.5％にすぎませんでした。その結果、均等待遇を定める改正前パートタイム労働法9条（平成26年法律27号改正前の改正前パートタイム労働法8条）に関する裁判例も、ニヤクコーポレーション事件（大分地判平25・12・10判時2234・119）と京都市立浴場運営財団ほか事件（京都地判平29・9・20労判1167・34）の2件と非常に少ない状況にとどまっていました。

　しかし、パートタイム・有期雇用労働法では、有期フルタイム労働者も均等待遇の対象となったことによって、中小企業では、大きな影響を持つ可能性が高いです。例えば、運送業者で事務所が1つしかない場合を想定してみましょう。正社員の乗務員と有期フルタイムの乗務員とでは、トラックの運転手という点で業務の内容が同じ上に、事業所が1つしかないため、転勤の有無ということで、端的に人材活用の仕組み・運用等の要件を違えることができないからです。現に、コラム4の長澤運輸事件（最判平30・6・1判時2389・107）の事案において（長澤運輸事件も、後述のハマキョウレックス事件（最判平30・6・1判時2390・96）もいずれも、トラックの運転手のケースです。）、人材活用の仕組み・運用等が同一と認定されたのは、事業所が1つしかなく、正社員は転勤あり、有期雇用労働者である定年後再雇用者は転勤なしという形で人材活用の仕組み・運用等が異なるといえなかったからです。これに対し、コラム3で紹介したハマキョウレックス事件では、ハマキョウレックスが大企業であったため、各地に事業所を有し、正社員である運転手については転勤があったため、人材活用の仕組み・運用等の点で、転勤のない有期雇用労働者である契約社員とは異なっていました。

3　対　策

　このように事業所が1つしかなく、トラックの運転手という業務内容は、正社員とパートタイム・有期雇用労働者とで、違えることはできませんし、転勤の有無で、人材活用の仕組み・運用等を違えることもできません。

　したがって、均等待遇の要件を満たさないようにするためには、①業務に伴う責任の程度と②昇進（人材活用の仕組みの1つ）で、正社員

とパートタイム・有期雇用労働者で、明確な差異を設けることです。

　①については、正社員とパートタイム・有期雇用労働者で、与えられている権限の範囲、業務の成果について求められている役割、トラブル発生時や臨時・緊急時に求められる対応の程度で、明らかな差異を設ける必要があります。

　②については、人材活用の仕組み・運用等の違いとして、転勤が無理であれば、昇進で明らかな差異を設けることです。

　正社員だけを役職者に昇進させていく（あるいは、一定の役職者以上に昇進させていく）という人材活用の仕組みの違いを設けることです。仮に、パートタイム・有期雇用労働者が、役職者に就ける能力があり業務上の必要性があれば、その労働者は、正規労働者に登用しておくことです。そうすると、中小企業は、その業務の責任の程度と、配置の変更である昇進を使うことによって、パートタイム・有期雇用労働法9条の適用を回避する途があります。当然、規定上だけの差異では回避は無理で、運用上も差異があることが必要ですし、差異は明確であること、また、差異があればあるほどよいことは、言うまでもありません。

　期間の定めがあることによる不合理な労働条件の禁止を定めた改正前労働契約法20条が争われた事案として、正規労働者と非正規労働者とは、人材活用の仕組み・運用等が異なるとした裁判例として、井関松山製造所事件（松山地判平30・4・24労判1182・20）及び井関松山ファクトリー事件（松山地判平30・4・24労判1182・5）があり、下記のように判示されています。なお、下記の「人材活用の仕組み・運用等に関する相違」についての判示は、高松高裁の判決（両事件とも高松高判令元・7・8労判1208・25）においても変更ありません。また、同高裁判決は、上告受理等されなかったため（最決令3・1・22判例集未登載）確定しています。

- 「無期契約労働者のみ組長以上の職制に就くことができ、有期契約労働者が職制に就くことはない。そして、(中略)無期契約労働者は、将来、組長以上の職制に就任し部下を指揮する立場や組長を補佐する立場となる等して被告における重要な役割を担うことを期待されて、定期的な研修が実施されているほか、職能資格の昇格時には特定の通信教育のカリキュラムを受講することが義務付けられるなど、継続的な教育訓練と長期間の勤務経験を積みながら育成されるものと認められる。」

- 一方、「有期契約労働者については、(中略)定期的な教育訓練は実施されておらず、有期契約労働者を中途採用制度により無期契約労働者とする場合であっても、職制に就任させるためには3年程度の無期契約労働者としての勤務経験を経ることが必要である。そのため、有期契約労働者全体について、将来、組長以上の職制に就任したり、組長を補佐する立場になったりする可能性がある者として育成されるべき立場にあるとはいえない。」

| コラム9 | 日本郵便（佐賀）事件 |

日本郵便（佐賀）事件は、有期労働契約を締結して郵便外務事務（配達等の事務）に従事していた時給制契約社員が、正社員との間における労働条件の相違は改正前労働契約法20条に違反すると主張して損害賠償等を請求した事件です。

最高裁判決（最判令2・10・15労判1229・5）で判断されたのは上告受理された夏期冬期休暇の部分のみ、それ以外は上告されていないため高裁判決（福岡高判平30・5・24労経速2352・3）で確定しました。

手当名等	相違の内容	判　断	休暇の趣旨	判決理由
夏期冬期休暇	正社員にはあり時給制契約社員にはなし	不合理	労働から離れる機会を付与することで、心身の回復を図る目的によるものである。休暇取得の可否や日数は、正社員の勤続期間の長さに応じて定まるものとはされていない。	郵便業務を担当する時給制契約社員は、契約期間が6か月以内とされるなど、繁忙期に限定された短期間の勤務でなく、業務の繁閑に関わらない勤務が見込まれているのであって、夏期冬期休暇の趣旨は時給制契約社員にも妥当する。

その他、基本賃金・通勤費、祝日勤務に対する祝日給、早出勤務等手当、夏期年末手当、作業能率評価手当及び外務業務手当は不合理ではないとした原審の判断が確定。

ポイント10　パートタイム・有期雇用労働者に対する基本給・賞与・退職金の制度設計の留意点は

　通常の労働者の賃金は、正社員としての職務を遂行し得る人材の獲得やその定着を図る目的の下に構築されていることを念頭に置いた上で、基本給・賞与・退職金いずれについても次の4点に留意して、パートタイム・有期雇用労働者の賃金の制度設計をすべきです。それが同一労働同一賃金をクリアすることにつながります。

① 　通常の労働者とパートタイム・有期雇用労働者とで、職務の内容並びに職務の内容及び配置の変更の範囲（以下「職務の内容等」といいます。）が異なっていること

② 　基本給・賞与・退職金の決定基準・ルールが、通常の労働者とパートタイム・有期雇用労働者で相違していること

③ 　パートタイム・有期雇用労働者に賞与や退職金を支給しない制度設計とするなら、それは、パートタイム・有期雇用労働者には、その決定基準・ルールが設けられていないということです。したがって、通常の労働者に支給される賞与や退職金の決定基準・ルールがそのままパートタイム・有期雇用労働者に適用されることがないよう、賞与や退職金の性質・目的をパートタイム・有期雇用労働者には妥当しないものとしておくこと

④ 　通常の労働者への転換を推進するための措置を講じることが事業主には課されていますが（パート・有期雇用労働13）、パートタイム・有期雇用労働者が属人的な身分として固定されないよう実際に機能する正社員登用制度を設けておくことは、不合理性を判断する上で、「その他の事情」として重要な考慮要素となること

　前述のような留意点の説明だけでは、どう制度設計したらよいのか
全くピンとこられないと思います。そこで、まず、基本給・賞与・退
職金に関するガイドラインの記述を指摘し、その上で最高裁判決を紹
介して、前述の留意点が何を意味しているかを解説します。

1　基本給に関するガイドライン

(1)　基本給についてのガイドラインの記述

　ガイドラインでは、次のような原則が述べられています（ガイドライ
ン第3　1)。

【職能給について】

> 　基本給であって、労働者の能力又は経験に応じて支給するものについ
> て、通常の労働者と同一の能力又は経験を有する短時間・有期雇用労働
> 者には、能力又は経験に応じた部分につき、通常の労働者と同一の基本
> 給を支給しなければならない。また、能力又は経験に一定の相違がある
> 場合においては、その相違に応じた基本給を支給しなければならない。

【成果給について】

> 　基本給であって、労働者の業績又は成果に応じて支給するものについ
> て、通常の労働者と同一の業績又は成果を有する短時間・有期雇用労働
> 者には、業績又は成果に応じた部分につき、通常の労働者と同一の基本
> 給を支給しなければならない。また、業績又は成果に一定の相違がある
> 場合においては、その相違に応じた基本給を支給しなければならない。

【勤続給について】

> 　基本給であって、労働者の勤続年数に応じて支給するものについて、
> 通常の労働者と同一の勤続年数である短時間・有期雇用労働者には、勤
> 続年数に応じた部分につき、通常の労働者と同一の基本給を支給しなけ
> ればならない。また、勤続年数に一定の相違がある場合においては、そ
> の相違に応じた基本給を支給しなければならない。

(2)　基本給についてのガイドラインの分析

　ガイドラインは、基本給に関しては、通常の労働者とパートタイム・有期雇用労働者とがどちらも職能給である場合、成果給である場合、勤続給である場合を想定して記述されています。

　しかし、現実は、通常の労働者とパートタイム・有期雇用労働者とで、賃金の決定基準やルールが同一であるのは、極めて稀です。つまり、基本給についていえば、その決定基準・ルールが異なる場合がほとんどであるため、前述の原則に関する記述が妥当する場面はほとんどありません。

　ところで、ガイドラインには、基本給の注1として、

通常の労働者と短時間・有期雇用労働者との間に賃金の決定基準・ルールの相違がある場合の取扱い

　通常の労働者と短時間・有期雇用労働者との間に基本給、賞与、各種手当等の賃金に相違がある場合において、その要因として通常の労働者と短時間・有期雇用労働者の賃金の決定基準・ルールの相違があるときは、「通常の労働者と短時間・有期雇用労働者との間で将来の役割期待が異なるため、賃金の決定基準・ルールが異なる」等の主観的又は抽象的な説明では足りず、賃金の決定基準・ルールの相違は、通常の労働者と短時間・有期雇用労働者の職務の内容、当該職務の内容及び配置の変更の範囲その他の事情のうち、当該待遇の性質及び当該待遇を行う目的に照らして適切と認められるものの客観的及び具体的な実態に照らして、不合理と認められるものであってはならない。

との記述があります。この記述内容は、前述の原則が賃金の決定基準・ルールが同一である場合を前提としていることを明らかにするものです。また、この記述では通常の労働者とパートタイム・有期雇用労働者とで、異なる賃金の決定基準・ルールを使う場合、パートタイム・有期雇用労働法8条の文言を引用して、その相違が不合理であって

はならない旨が述べられています。結局のところ、賃金の決定基準・ルールを通常の労働者とパートタイム・有期雇用労働者で相違させる場合、職務の内容等に照らして、相違させることが不合理であってはならないと言っているのです。この点は、賃金という以上、基本給だけでなく、賞与及び退職金についても共通です。

2　賞与に関するガイドライン

(1)　賞与についてのガイドラインの記述

賞与について、ガイドラインは、以下のような記述をしています（ガイドライン第3　2)。

> 賞与であって、会社の業績等への労働者の貢献に応じて支給するものについて、通常の労働者と同一の貢献である短時間・有期雇用労働者には、貢献に応じた部分につき、通常の労働者と同一の賞与を支給しなければならない。また、貢献に一定の相違がある場合においては、その相違に応じた賞与を支給しなければならない。

(2)　賞与についてのガイドラインの分析

ガイドラインは、賞与に関して、通常の労働者にもパートタイム・有期雇用労働者にも、会社の業績等への労働者の貢献に応じて支給する場合を想定して記述しています。

しかし、賞与は、事業主の経営判断が尊重される多義的な性質・目的を有し、多様な基準の組み合わせによって支給されます。

その結果、賞与についても、通常の労働者とパートタイム・有期雇用労働者とで、その決定基準・ルールが異なる場合がほとんどであるため、その意味で、前述の原則に関するガイドラインの記述が妥当する場面はほとんどないといえます。

3 退職金に関するガイドライン

退職金に関して、ガイドラインは、何らの記述もしていません。

4 最高裁判決

(1) 基本給

大阪医科薬科大学事件、メトロコマース事件及び日本郵便（佐賀）事件（福岡高判平30・5・24労経速2352・3）では、正社員（正職員）と有期雇用労働者との基本給の相違が、改正前労働契約法20条の期間の定めがあることによる不合理な労働条件の禁止違反にならないか争われました。

大阪高裁、東京高裁及び福岡高裁は、いずれも基本給の相違を不合理と認めず、日本郵便（佐賀）事件では、基本給に関して上告されず、福岡高裁の判断が確定し、残り2件の事件では、最高裁も基本給に関する上告受理申立てをいずれも不受理とし、その2つの高裁の判断を支持しました。ちなみに、前述の3つの事件では、いずれも正社員（正職員）は月給制、有期雇用労働者は時給制を採っていました。また、大阪医科薬科大学事件及びメトロコマース事件では、正社員（正職員）と有期雇用労働者は職務の内容等が異なり、日本郵便（佐賀）事件では、正社員と有期雇用労働者とでは、業務内容は同一でしたが、勤務体制に違いがあるケースでした。

ところで、唯一、基本給の相違を一定の範囲で不合理と判断した判決として、学校法人産業医科大学事件（福岡高判平30・11・29判時2417・91）があり、既に確定しています。

同判決は、①有期労働契約を30年以上にわたって更新してきたこと、②同じ頃に採用された正規職員との間で、基本給で約2倍の格差を生じていることを前提として、同学歴の正規職員の主任昇格前の賃金水準21万1,600円と控訴人の基本給18万2,100円との差額3万円の限度で、

損害賠償を認めたものです。ただし、同判決は、短期の条件で、人員不足を補うために4年間に限り臨時職員として採用された有期契約労働者が30年以上もの長期にわたり雇い止めもなく雇用されるという、採用当時に予定していなかった雇用状態が生じたという例外的な事案に関する判断という理解が可能です。

(2)　賞　与

　賞与に関しても、唯一、その相違を一定の範囲で不合理と判断した判決として、大阪医科薬科大学事件大阪高裁判決（大阪高判平31・2・15判タ1460・56）がありました。しかし、同事件最高裁判決（最判令2・10・13労判1229・77）は、大阪高裁の判断を変更しています。すなわち、①賞与は、通年で基本給の4.6か月分が一応の支給基準となっており、その支給実績に照らすと、大学の業績に連動するものではなく、算定期間における労務の対価の後払いや一律の功労報償、将来の労働意欲の向上等の趣旨を含むものと認められること、②大学は、正職員としての職務を遂行し得る人材の確保やその定着を図るなどの目的から、正職員に対して賞与を支給することとしたものといえること、③正職員とアルバイト職員間の職務の内容等に一定の相違が存在すること、④その他高度の業務・責任を担う多数の正職員が存在すること、⑤正職員等への登用制度が設けられていたことを考慮すると、アルバイト職員への賞与の不支給は不合理とはいえないと判断しました。

(3)　退職金

　退職金に関しても、唯一、その相違を一定の範囲で不合理と判断した判決として、メトロコマース事件東京高裁判決（東京高判平31・2・20労判1198・5）がありました。しかし、同事件最高裁判決（最判令2・10・13労判1229・90）も、東京高裁の判断を変更しました。すなわち、①退職金は、職務遂行能力や責任の程度等を踏まえた労務の対価の後払いや継続的な勤務等に対する功労報償等の複合的な性質を有すること、②

会社は正社員としての職務を遂行し得る人材の確保やその定着を図るなどの目的から、様々な部署等で継続的に就労することが期待される正社員に対し退職金を支給することとしたものといえること、③売店業務に従事する正社員と契約社員との間には、職務の内容等に一定の相違があったこと、④比較対象である売店業務に従事する正社員とは別に他の多数の正社員がいて、その職務の内容等に相違があったこと、⑤正社員等への登用制度が設けられていたことを考慮すると、契約社員への退職金の不支給は不合理とはいえないと判断しています。

5　基本給・賞与・退職金の制度設計について今すべきこと

　基本給・賞与・退職金の制度設計に当たっては、通常の労働者の賃金は正社員としての職務を遂行し得る人材の獲得やその定着を図る目的の下に構築されていることを念頭に置いた上で、通常の労働者とパートタイム・有期雇用労働者との間の①職務の内容等の区別の明確化・規定化（ ポイント11 参照）と②賃金の決定基準・ルールが異なることの明確化・規定化（後掲 規定例1 参照）並びにそれに即した運用の徹底、さらに、実際に機能する正社員登用制度を設ける等を行えば、両者の間に不合理な待遇差が認められるといわれることは、ほとんどないといってよいと思います。しかし、逆に言うと、職務の内容等の差異がなく、あるいは、賃金の決定基準・ルールは一見異なっているようでも、正社員に対する実態が、「正社員としての職務を遂行し得る」人材にふさわしくない賃金体系や教育制度であれば、不合理な待遇差と認定される危険性があるということです。

　なお、前述の賞与及び退職金の不支給に関する最高裁判決は、いずれも①～⑤の理由付けをもって正社員に対する賞与及び退職金の支給の決定基準・ルールがアルバイト職員や契約社員に適用されるものでないことを論証しているともいえます。

規定例1

(1)　基本給の定め

【正社員就業規則】

> （基本給）
> 第○条　基本給は、月給制とし、職能給、役割給及び年齢給をもって構成する。

【有期契約社員就業規則】

> （基本給）
> 第○条　基本給は、時給制とし、職務給を中核として、地域の賃金相場を勘案して、各人ごとに定める。

(2)　賞与の定め

【正社員就業規則】

> 第○条　有為な人材の定着を目的として、半期に一度、賃金の後払い及び将来に向けての正社員の意欲向上のために賞与を支給する。ただし、業績によっては、支給しないことがある。

【有期契約社員就業規則】

> 第○条　賞与は、会社の業績に応じ、各契約社員の勤務成績・勤務態度等を考慮して支給することがある。

(3)　退職金の定め

【正社員就業規則】

第○条　退職金は、長期雇用を前提とした基本給の後払い及び功労報償
　　のために勤続3年以上の社員に対し、この章の定めるところにより支
　　給する。

【有期契約社員就業規則】

第○条　契約社員には、退職金を支給しない。

ポイント11　　職務の内容や職務の内容及び配置の変更の範
囲の区分の明確化と規定化の具体的内容は

「職務の内容」、「職務の内容及び配置の変更の範囲」につい
ては、ポイント3で詳しく解説しましたが、簡潔に説明する
と次のとおりです。

まず、「職務の内容」とは、当該労働者が従事している業務の
内容と当該業務に伴う責任の程度を指し、「業務の内容」は、当
該労働者の職種及び現実に従事する仕事の内容を意味し、「責
任の程度」は、当該労働者が現実に負担している責任の程度を
総合的に判断して割り出します。

次に、「職務の内容及び配置の変更の範囲」とは、今後の見込
みも含め、転勤、昇進といった人事異動や本人の役割の変化等
（配置の変更を伴わない職務の内容の変更を含みます。）の有
無や範囲を指します。

したがって、その区分の明確化とは、通常の労働者とパート
タイム・有期雇用労働者との間に待遇差がある以上、それぞれ
の「職務の内容」及び「職務の内容及び配置の変更の範囲」が
異なるものとなるよう線引きを明確にすることであり、規定化
とは、異なるものとなった内容を就業規則等に規定として盛り
込んでいくことを指します。

1　はじめに

明確化と規定化は、表裏の関係にありますので、ポイント11では、
規定化の主要な内容を解説します。そこから明確化の内容も読み取っ
てください。なお、具体的には、正社員、パートタイム労働者（有期）

及び契約社員（有期）を取り上げて、その雇用形態別の規定の内容を
解説します。また、本項目の末尾に規定例を掲げました。

2　採用基準

　まず、重要なのが採用基準です。正社員の採用基準は、長期雇用を
想定していますので、慎重な採用基準であることを要します。これに
対し、パートタイム労働者及び契約社員は、長期雇用を想定していま
せんので、正社員の場合のような慎重な採用基準は必要ありません。
そこで、後掲 規定例2 (1)の規定例において、正社員については書
類選考、複数回の採用面接のほか筆記試験を挙げています。パートタ
イム労働者と契約社員については、書類選考と採用面接だけにしてい
ます。筆記試験は設けていません。このように、採用基準に区別を設
けることで、正社員については、有為の人材の獲得を目指しているこ
とを客観的に明らかにしようとするものです。また、正社員の規定例
では、正社員は長期雇用を前提として、広範な異動が予定される中、
キャリアを重ねてゼネラリスト又はスペシャリストとなって会社の基
幹業務を担うことを志向する者であることを明記しています。

3　提出書類

　採用を決定したパートタイム労働者及び契約社員については、長期
雇用を前提としていないため、人物保証や金銭保証をしてもらう必要
はないと割り切り、後掲 規定例2 (1)の規定例において、身元保証
を求めていません。

4　異　動

　異動には、同一勤務地内での担当業務の変更（一般に「配置転換」

と呼ばれます。）、勤務地の変更（一般に「転勤」と呼ばれます。）、出向、昇進などが含まれます。

　異動について書き分けを上手くするのが、規定化の重要なポイントです。命令でやれるのかどうか、本人の同意がなければやれないのか、そもそも想定しないのか、この書き分けを規定上しっかりすることが肝要です。実務上は、担当業務変更であれ転勤であれ、命令権を発動するケースは少ないと思いますが、本人が同意しなかった場合に、一方的な命令で行えるか否かに違いがあります。「同意を得て」と書いた場合には、本人の同意がないとできません。「なし」と書いてあれば、そもそもできません。「なし」と書いていても、個別同意があれば一応はできるという解釈は有り得ますが、それをすると書き分けをした意味がなし崩し的に失われるので、それはやめておくべきです。

　まず、担当業務の変更です。後掲 規定例2 (3)の規定例において、正社員については職種変更や担当業務の変更を命じることがあるとしています。パートタイム労働者及び契約社員については、担当業務の変更を命じることがあるものの、職種変更は行わないとしています。

　転勤は、正社員については、転居を伴う転勤を含めて、これを命じることがある、パートタイム労働者については転勤なしとしています。契約社員については、転勤はあるが、転居を伴う転勤はないとしています。出向については、正社員にのみ、あるとしています。

　あとは昇進です。昇進の書き分けも重要です。昇進も正社員については命じ得る、契約社員については、同意を得た上で「主任」までとしています。つまり、契約社員は、係長、課長代理、課長、部長代理、部長にはなり得ないということです。パートタイム労働者については、「主任」にもなれません。

5　正社員登用

　同一労働同一賃金における正社員登用制度の重要性は、 ポイント 4 の解説で述べたところです。

　なお、正社員登用制度は、「職務の内容及び配置の変更の範囲」と関連する事情であるのか、それとも、それとは関連のない事情であるかという問題があります。しかし、長澤運輸事件（最判平30・6・1判時2389・107）では、「職務の内容」及び「職務の内容及び配置の変更の範囲」と並ぶ考慮要素である「その他の事情」について、「その内容を職務内容及び変更範囲に関連する事情に限定すべき理由は見当たらない。」と判断しており、正社員登用制度が少なくとも「その他の事情」として考慮されることは間違いありません。

6　時間外労働・休日労働

　まず、時間外労働についてです。後掲 規定例2 (5)の規定例において、正社員については業務上の必要性がある場合には時間外労働を命じることがあるとしています。契約社員についても同様です。パートタイム労働者については、短時間でしか働けない労働者が本来想定されているので、所定労働時間外に勤務させることはないと定めています。

　休日労働については、正社員についてはこれを命じることがあるとしています。契約社員については「同意を得て行う」と定め、パートタイム労働者については、「なし」としています。

規定例2

(1) 定義・適用範囲、採用、提出書類

　雇用形態ごとに3種類の就業規則を作成すべきことから、まず、それぞれの就業規則が誰に適用されるのか明らかにすることが重要です。

【正社員】

　（定義・適用範囲）
　第○条　この就業規則は、第○条（採用手続）の手続により、雇い入れられる正社員に適用する。
　（採用手続）
　第○条　会社は、長期雇用を前提として、広範な異動が予定される中、キャリアを重ねてゼネラリスト又はスペシャリストとなって会社の基幹業務を担うことを志向して入社を希望する者について、書類選考、複数回の採用面接、及び筆記試験等の選考手続を経て、これに合格した者を正社員として採用する。
　（採用時の提出書類）
　第○条　正社員として採用されたものは、採用決定後会社が指定する期間内に次の書類を提出しなければならない。
　　①　住民票記載事項証明書
　　②　入社誓約書
　　③　身元保証書
　　④～⑥　［省略］
　　⑦　その他会社が指定するもの

【パートタイム労働者】

　（定義・適用範囲）
　第○条　この就業規則におけるパートタイム労働者とは、第○条（採用手続）に定める手続を経て採用され、1年以内の期間を定めて労働契約を締結し、1週間の所定労働時間が正社員の所定労働時間未満の者をいう。

（採用手続）

第○条　会社は、パートタイム労働者として就職を希望する者について、書類選考及び採用面接の選考手続を経て採用する者を決定する。

（採用時の提出書類）

第○条　正社員就業規則第○条（採用時の提出書類）の規定をパートタイム労働者に準用する。ただし、同条第3号に規定する身元保証書の提出は求めない。

【契約社員】

（定義・適用範囲）

第○条　この就業規則における契約社員とは、第○条（採用手続）に定める手続を経て採用され、1年以内の期間を定めて労働契約を締結した者をいう。

（採用手続）

第○条　会社は、契約社員として就職を希望する者について、書類選考及び採用面接の選考手続を経て採用する者を決定する。

（採用時の提出書類）

第○条　正社員就業規則第○条（採用時の提出書類）の規定を契約社員に準用する。ただし、同条第3号に規定する身元保証書の提出は求めない。

(2)　試用期間

試用期間は、一般に3か月や6か月と定められることが多いです。一方、有期のパートタイム労働者・契約社員は、雇用期間そのものが、3か月や6か月、長くても1年であり、試用期間を定める必要性に乏しいことから、設けないことが多い状況にあります。

【正社員】

（試用期間）

第○条　正社員として新たに採用した者については、入社日から3か月

間を試用期間とする。

2　前項について、会社が特に必要と認めた場合は、この期間を短縮し、又は設けないことがある。また、会社が正社員としての適格性判定のために必要と認める場合は、3か月を限度としてこの期間を延長することがある。

3　試用期間中に、会社が正社員として不適格と認めた者は、本採用をしない。

　　この決定は、試用期間の途中又は満了日に行う。

4　試用期間は、勤続年数に通算する。

【パートタイム労働者・契約社員】

　試用期間の定めなし

(3)　異　動

【正社員】

（担当業務の変更）

第○条　会社は、正社員に対し、業務上必要がある場合、担当業務の変更（職種の変更を含む。）を命じることがある。

（勤務地の変更）

第○条　会社は、正社員に対し、業務上必要がある場合、勤務地の変更（転居を伴う場合を含む。）を命じることがある。

（出向）

第○条　会社は、正社員に対し、業務上必要がある場合、在籍のまま関係会社に出向を命じることがある。

（昇進）

第○条　会社は、正社員に対し、業務上必要がある場合、上位の職位に昇進を命じることがある。

【パートタイム労働者】

（担当業務の変更）

第○条　会社は、パートタイム労働者に対し、業務上必要がある場合、担当業務の変更を命じることがある。ただし、職種変更に該当する変更は行わない。

（勤務地の変更）

　※　なし

（出向）

　※　なし

（昇進）

　※　なし

【契約社員】

（担当業務の変更）

第○条　会社は、契約社員に対し、業務上必要がある場合、担当業務の変更を命じることがある。ただし、職種変更に該当する変更は行わない。

（勤務地の変更）

第○条　会社は、契約社員に対し、業務上の必要がある場合、勤務地の変更（転居を伴う場合を含まない。）を命じることがある。

（出向）

　※　なし

（昇進）

第○条　会社は、業務上必要がある場合、契約社員の同意を得て、主任まで昇進させることがある。

---

(4)　正社員への登用

【契約社員】

（契約社員から正社員への登用）

第○条　契約社員として2年以上継続勤務し、その後正社員への転換を
　　希望する者であって、所属長の推薦がある者については、会社は、転
　　換試験を実施し、合格した者を、正社員に登用する。

2　　前項の転換試験は、毎年○月末日までに、所属長の推薦状を添付し
　　た本人の申込書を受け付けて、原則として△月に実施する。同転換試
　　験に合格した者の転換時期については、本人の希望を踏まえ、会社が
　　決定する。

　パートタイム労働者から正社員への登用については、下線部を「パ
ートタイム労働者」に置き換えます。また、パートタイム労働者につ
いては、限定正社員（勤務時間限定）への登用制度を設けてよいかも
しれません。その場合、波線部を「限定正社員（勤務時間限定）」に置
き換えます。

(5)　時間外及び休日労働

【正社員】

（時間外及び休日労働）

第○条　会社は、正社員に対し、業務上必要がある場合、第○条（労働
　　時間及び休憩時間）及び第○条（休日）に定める所定労働時間外又は
　　休日に労働を命じることがある。

2　　正社員が時間外労働又は休日労働をする場合には、あらかじめ所属
　　長の承認を得なければならない。

【パートタイム労働者】

　時間外及び休日労働の定めなし

【契約社員】

（時間外及び休日労働）

第○条　会社は、契約社員に対し、業務上必要がある場合、第○条（労働時間及び休憩時間）及び第○条（休日）に定める所定労働時間外又は休日に労働を命じることがある。ただし、休日に労働させるためには、契約社員の同意を要する。

2　契約社員が時間外労働又は休日労働をする場合には、あらかじめ所属長の承認を得なければならない。

ポイント12　パートタイム・有期雇用労働者に対し、職務
の内容や職務の内容及び配置の変更の範囲と結
びつきのある手当を、どのように制度設計すれ
ば同一労働同一賃金をクリアできるか

　職務の内容や職務の内容及び配置の変更の範囲（以下「人材
活用の仕組み・運用等」といいます。）と結びつきのある手当（例
えば、役職手当・特殊作業手当・特殊勤務手当・精皆勤手当・
時間外労働手当等）については、その前提条件である職務の内
容に関する事情や人材活用の仕組み・運用等に関する事情が通
常の労働者とパートタイム・有期雇用労働者とで同じであるな
ら、パートタイム・有期雇用労働者にも同額の手当を支給しな
ければ、その待遇差は不合理と判断される可能性が高いです。
　しかし、当該手当分を基本給なりその他手当なりで、既に支
払っている等の事情があれば、その原則の例外が認められるケ
ースはあります。
　また、職務の内容が同一の場合、通常の労働者と同一の時間
外労働や深夜労働・休日労働をしたパートタイム・有期雇用労
働者には、通常の労働者と同一の割増率で、時間外労働手当及
び深夜労働・休日労働手当を支給しなければ、割増率の差異は、
不合理と判断されることになります。
　職務の内容や人材活用の仕組み・運用等と結びつきのある手
当については、前提条件を同じくし、例外となる事情が認めら
れない限り、同一の取扱いができるように改めるべきというこ
とです。

1　職務の内容や人材活用の仕組み・運用等と結びつきのある手当に関するガイドラインの記述

　パートタイム・有期雇用労働者への手当の待遇を整理すると、以下の表のようになります（ガイドライン第3　3(1)〜(6)）。

番号	職務の内容や人材活用の仕組み・運用等と結びつきのある手当	上段　前提条件 / 下段　不合理性の有無
①	役職手当	通常の労働者と同一の内容の役職に就く
		・通常の労働者と同一の役職手当を支給しなければ不合理（注1） ・役職の内容に一定の相違がある場合においては、その相違に応じた役職手当を支給しなければ不合理
②	特殊作業手当	通常の労働者と同一の危険度又は作業環境の業務に従事する
		通常の労働者と同一の特殊作業手当を支給しなければ不合理
③	特殊勤務手当	通常の労働者と同一の勤務形態で業務に従事する
		通常の労働者と同一の特殊勤務手当を支給しなければ不合理（注2）
④	精皆勤手当	通常の労働者と業務の内容が同一
		通常の労働者と同一の精皆勤手当を支給しなければ不合理（注3）
⑤	時間外労働手当	通常の労働者の所定労働時間を超えて、通常の労働者と同一の時間外労働を行った

		通常の労働者の所定労働時間を超えた時間につき、通常の労働者と同一の割増率等で（注4）、時間外労働に対して支給される手当を支給しなければ不合理
⑥	深夜労働・休日労働手当	通常の労働者と同一の深夜労働又は休日労働を行った
		通常の労働者と同一の割増率等で（注4）、深夜労働又は休日労働に対して支給される手当を支給しなければ不合理（注5）

（注1）　ガイドライン上、「（問題とならない例）」の1つとして「通常の労働者であるＸの役職と同一の役職名であって同一の内容の役職に就く短時間労働者であるＹに、所定労働時間に比例した役職手当（中略）を支給している。」との例が、「（問題となる例）」として「通常の労働者であるＸの役職と同一の役職名であって同一の内容の役職に就く有期雇用労働者であるＹに、Ｘに比べ役職手当を低く支給している。」との例が挙げられています。

（注2）　ガイドライン上、「（問題とならない例）」として「A社においては、通常の労働者か短時間・有期雇用労働者かの別を問わず、就業する時間帯又は曜日を特定して就業する労働者には労働者の採用が難しい早朝若しくは深夜又は土日祝日に就業する場合に時給に上乗せして特殊勤務手当を支給するが、それ以外の労働者には時給に上乗せして特殊勤務手当を支給していない。」との例と、「A社においては、通常の労働者であるＸについては、入社に当たり、交替制勤務に従事することは必ずしも確定しておらず、業務の繁閑等生産の都合に応じて通常勤務又は交替制勤務のいずれにも従事する可能性があり、交替制勤務に従事した場合に限り特殊勤務手当が支給されている。短時間労働者であるＹについては、採用に当たり、交替制勤務に従事することを明確にし、かつ、基本給に、通常の労働者に支給される特殊勤務手当と同一の交替制勤務の負荷分を盛り込み、通常勤務のみに従事する短時間労働者に比べ基本給を高く支給している。A社はＸには特殊勤務手当を支給しているが、Ｙには支給していない。」との2例が挙げられています。

（注3）　ガイドライン上、「（問題とならない例）」として、「A社においては、考課上、欠勤についてマイナス査定を行い、かつ、そのことを待遇に反映する通常の労働者であるXには、一定の日数以上出勤した場合に精皆勤手当を支給しているが、考課上、欠勤についてマイナス査定を行っていない有期雇用労働者であるYには、マイナス査定を行っていないこととの見合いの範囲内で、精皆勤手当を支給していない。」という例が挙げられています。これは、基本給との関係が「その他の事情」として考慮されているという整理が可能です。

（注4）　他の手当のように「同一の手当」を支給しなければならないというのでなく、「同一の割増率等で」かかる手当を支給しなければならないと記述されたのは、次の理由によると考えられています。すなわち、責任の程度や職務の内容及び配置の変更の範囲等の要素は、時間外労働手当及び深夜労働・休日労働手当では、算定の基礎となる額で既に考慮され反映されているので、割増率さえ同一にすれば足りるとの考えです。

（注5）　ガイドライン上、「（問題とならない例）」として、「A社においては、通常の労働者であるXと時間数及び職務の内容が同一の深夜労働又は休日労働を行った短時間労働者であるYに、同一の深夜労働又は休日労働に対して支給される手当を支給している。」という例が挙げられ、他方で、「（問題となる例）」として、「A社においては、通常の労働者であるXと時間数及び職務の内容が同一の深夜労働又は休日労働を行った短時間労働者であるYに、深夜労働又は休日労働以外の労働時間が短いことから、深夜労働又は休日労働に対して支給される手当の単価を通常の労働者より低く設定している。」という例が挙げられています。

　前記ポイントで述べたように、これらの手当については、前提条件が同じであるならば、同一の取扱いをする必要があります。主な手当について、留意点を見ていきます。

2　役職手当（資格手当）

（1）　役職手当

　役職手当とは、役職の内容に対して支給される手当です。名称は、

資格手当であったり、等級手当であったりと、企業によって様々です。

　(2)　裁判例

　資格手当の支給について正社員と契約社員との間に待遇差があったメトロコマース事件では、第1審（東京地判平29・3・23労判1154・5）、控訴審（東京高判平31・2・20労判1198・5）ともに、その待遇差は、不合理ではないと判断しました。資格手当は、そもそもその制度上、正社員の職務グループにおける各資格に応じて支給されるものであったという手当そのものの性質が重視されたもので、東京高裁の判断が既に確定しています。

3　特殊作業手当

　(1)　特殊作業手当

　ガイドラインでは、「業務の危険度又は作業環境に応じて支給される特殊作業手当」について、「通常の労働者と同一の危険度又は作業環境の業務に従事する短時間・有期雇用労働者には、通常の労働者と同一の特殊作業手当を支給しなければならない。」と述べられています（ガイドライン第3　3(2)）。

　(2)　裁判例

　正社員と有期の契約社員との間で、作業手当の支給の有無に相違があり、そのことが、改正前労働契約法20条違反として争われた事案に、ハマキョウレックス事件があります（最判平30・6・1判時2390・96）。最高裁は「作業手当は、特定の作業を行った対価として支給されるものであり、作業そのものを金銭的に評価して支給される性質の賃金であると解される。しかるに、上告人の乗務員については、契約社員と正社員の職務の内容は異ならない。また、職務の内容及び配置の変更の範囲が異なることによって、行った作業に対する金銭的評価が異なることになるものではない。」として、作業手当の支給の有無の相違は不合理であると判断しました。

4　無事故手当

(1)　無事故手当

　主に、運送業に従事する労働者に対し、業務の安全性を図るために、一定期間、事故を発生させなかったことに対する報償的意味合いで支給される手当のことをいいます。

(2)　ガイドライン

　ガイドラインでは、無事故手当について、直接の言及はありません。

(3)　裁判例

　無事故手当の支給の有無に、正社員と契約社員との間で、相違があるため、改正前労働契約法20条違反が争われた事案として、前述のハマキョウレックス事件があります。最高裁は、「無事故手当は、優良ドライバーの育成や安全な輸送による顧客の信頼の獲得を目的として支給されるものであると解されるところ、上告人の乗務員については、契約社員と正社員の職務の内容は異ならないから、安全運転及び事故防止の必要性については、職務の内容によって両者の間に差異が生ずるものではない。また、上記の必要性は、当該労働者が将来転勤や出向をする可能性や、上告人の中核を担う人材として登用される可能性の有無といった事情により異なるものではない。」として、その相違が不合理であると判断しました。

5　精皆勤手当

(1)　精皆勤手当

　皆勤手当とは、一般に、無欠勤のときに一定額を支給する手当のことをいい、精勤手当とは、無欠勤若しくは欠勤が少ないときに支給する手当のことをいいます。これらは、あわせて、精皆勤手当と呼ばれます。精皆勤手当の性質・目的ですが、出勤者を確保する必要があることから、精皆勤を奨励する趣旨で支給されるものです。

(2)　裁判例

　ア　ハマキョウレックス事件（最判平30・6・1判時2390・96）

　皆勤手当の不支給が改正前労働契約法20条違反になるか否かが争われた裁判例として、ハマキョウレックス事件があります。ハマキョウレックス事件では、正社員に皆勤手当が支給され、有期の契約社員には支給されていなかったことが、争われました。

　最高裁では、正社員と契約社員の職務の内容が同じであることから、出勤する者を確保する必要性は同じであり、将来の転勤や出向の可能性等の相違により異なるものではないとして、かかる相違は不合理と判断されました。

　イ　長澤運輸事件（最判平30・6・1判時2389・107）

　また、ハマキョウレックス事件と同日に判決が言い渡された、長澤運輸事件においても、最高裁は、有期の嘱託乗務員と正社員との精勤手当に係る労働条件の相違は、改正前労働契約法20条にいう不合理と認められるものに当たると判断しました。それは、嘱託乗務員と正社員との職務の内容が同一である以上、両者の間で、その皆勤を奨励する必要性に相違はないとし、精勤手当は、労働者の皆勤という事実に基づいて支給されるものであるから、歩合給及び能率給に係る係数が異なることをもって、嘱託乗務員に精勤手当を支給しないことが不合理でないということはできないと判示しています。

6　時間外労働手当及び深夜労働・休日労働手当

(1)　時間外労働手当

　労働基準法32条では、労働時間は、原則1日8時間、1週40時間までと定められており、この「法定労働時間」を超えて、労働させた場合が、「法定時間外労働」に当たります。そして労働者に法定時間外労働をさせた場合は、通常の労働時間又は労働日の賃金の計算額の2割5分以

上の率（割増率）で計算した割増賃金を支払わなければなりません（労基37①、平6・1・4政5）。これが、いわゆる「時間外労働手当」（残業手当）といわれるものです。ただし、法定労働時間を超える時間数が1か月について60時間を超えた場合、その超えた時間の労働に対しては、5割以上の率で計算した割増賃金の支払を要します（中小企業には、60時間超えの割増率による割増賃金の支払は猶予されていますが、その猶予期限は、令和5年3月末までです（労基138）。）。

（2）　深夜労働手当

労働者に、原則午後10時から午前5時までの間に、労働させた場合は、通常の労働時間の賃金の計算額の2割5分以上の率で計算した割増賃金を支払わなければなりません（労基37④）。これがいわゆる「深夜労働手当」といわれるものです。

（3）　休日労働手当

労働者に、法定休日に労働させた場合は、通常の労働時間の賃金の計算額の3割5分以上の率で計算した割増賃金を支払わなければなりません（労基37①、平6・1・4政5）。これがいわゆる「休日労働手当」といわれるものです。

（4）　割増賃金支払の目的

時間外労働や深夜労働・休日労働を行った場合、過重な負荷や予定されていた以上の生活面での制約を受けることになりますが、割増賃金の支払が求められる理由は、端的に言えば、「一定の補償をさせること、そしてその経済的負担によって、それら労働を抑制すること」にあると解されています（菅野和夫『労働法』516頁（弘文堂、第12版、2019））。

（5）　裁判例

メトロコマース事件東京高裁判決（東京高判平31・2・20労判1198・5）は、早出残業手当について、正社員と契約社員で割増率を異にしていた点（正社員は、初めの2時間までは、1時間につき2割7分増、2時間を超え

る時間については、3割5分増、これに対し有期の契約社員には、1時間当たり2割5分増）について、「時間外労働が通常の労働時間又は労働日に付加された特別の労働であるから、それに対しては使用者に一定額の補償をさせるのが相当であるとともに、その経済的負担を課すことによって時間外労働を抑制しようとする点にあると解され」、その観点から有期契約労働者と無期契約労働者で割増率に相違を設ける理由はないとして、使用者は正社員であるか否かを問わず、法定の割増率を上回る割増賃金についても等しく支払うのが相当であるとした、第1審の判断を維持しました。

　最高裁は、この点に関する上告受理申立てを不受理とした結果、東京高裁の判断が確定しました。この判断に従うなら、時間外労働手当及び深夜労働・休日労働手当については、同一の時間外労働等を行ったパートタイム・有期雇用労働者に対しても、正社員と同一の割増率で、これを支給する必要があることになります。

　(6)　実務上の留意点

　正社員とパートタイム・有期雇用労働者に支給する時間外労働手当及び深夜労働・休日労働手当について、その手当の算定の際、割増率に差異を設ける場合には、職務の内容、特に業務の内容が同一か否かに注意を要します。同一であれば、差異を設けるのは避けるべきです。

　なお、その割増率の差異が基本給やその他の手当で、カバーされていないか（「その他の事情」として考慮できないかということです。）も、調査する必要があります。

7　年末年始勤務手当

　(1)　年末年始勤務手当

　年末年始勤務手当とは、年末年始の労働の対価として、年末年始に勤務した労働者に対して支給される手当のことをいいます。

(2)　ガイドライン

　ガイドラインでは、年末年始勤務手当について、直接の言及はありません。しかし、「深夜労働又は休日労働に対して支給される手当」に関し、「通常の労働者と同一の深夜労働又は休日労働を行った短時間・有期雇用労働者には、通常の労働者と同一の割増率等で、深夜労働又は休日労働に対して支給される手当を支給しなければならない。」と述べられています。他方、前述のとおり「問題となる例」として、「A社においては、通常の労働者であるXと時間数及び職務の内容が同一の深夜労働又は休日労働を行った短時間労働者であるYに、深夜労働又は休日労働以外の労働時間が短いことから、深夜労働又は休日労働に対して支給される手当の単価を通常の労働者より低く設定している。」という例が挙げられています（ガイドライン第3　3(6)）。

　これは、「深夜・休日労働による過重な負荷、私生活の抑制に対する代償として支給されるという深夜・休日手当の性質・目的に照らし、同一の深夜・休日労働をし同様の負荷・抑制を負っている労働者には、無期雇用フルタイム労働者か短時間・有期雇用労働者かを問わず、同一の支給をすることが求められている」（水町勇一郎『同一労働同一賃金のすべて』105頁（有斐閣、新版、2019））と解せられるからであり、この点は、年末年始勤務手当の支給の有無の相違についても、原則として、同様に考えることができます。

(3)　裁判例

　年末年始勤務手当については、日本郵便（東京・大阪）事件最高裁判決（最判令2・10・15労判1229・58、労判1229・67）において、いずれも、次のように判断され、年末年始勤務手当の支給の有無の相違は、不合理と判断されています。

　すなわち、「12月29日から翌年1月3日までの間において実際に勤務したときに支給されるものであることからすると、同業務についての

最繁忙期であり、多くの労働者が休日として過ごしている上記の期間において、同業務に従事したことに対し、その勤務の特殊性から基本給に加えて支給される対価としての性質を有するものであるといえる。また、年末年始勤務手当は、正社員が従事した業務の内容やその難易度等に関わらず、所定の期間において実際に勤務したこと自体を支給要件とするものであり、その支給額も、実際に勤務した時期と時間に応じて一律である。上記のような年末年始勤務手当の性質や支給要件及び支給金額に照らせば、これを支給することとした趣旨は、郵便の業務を担当する時給制契約社員にも妥当するものである。」との判断です。

　なお、正社員に支給される祝日給に対応する祝日割増賃金についても、日本郵便（大阪）事件最高裁判決（最判令2・10・15労判1229・67）は、「年始期間における勤務の代償として祝日給を支給する趣旨は、本件契約社員にも妥当する」として、祝日給を正社員に支給する一方で、契約社員にはこれに対する祝日割増賃金を支給しないという労働条件の相違があることは、不合理であると判断しています。

ポイント13　パートタイム・有期雇用労働者に対し、職務の内容や職務の内容及び配置の変更の範囲と結びつきのある手当以外の手当（例えば、家族手当等）を、どのように制度設計すれば同一労働同一賃金をクリアできるか

　職務の内容や職務の内容及び配置の変更の範囲と結びつきのある手当以外の手当を、以下、「その他の手当」と呼称します。

　「その他の手当」に該当するガイドラインに記述されている通勤手当・出張旅費、食事手当、単身赴任手当及び地域手当は、いずれも、職務の内容並びに職務の内容及び配置の変更の範囲（以下「職務の内容等」といいます。）との結びつきがないか、あっても結びつきが非常に弱く、職務の内容等の観点から、通常の労働者とパートタイム・有期雇用労働者との待遇差を合理的に説明することは困難です。また、その支給目的も、実費の補填や補助といったもので、その観点からも、待遇の違いを説明することは難しいです。

　したがって、前述の「その他の手当」については、ガイドラインの記述に従って対応をすることが、同一労働同一賃金をクリアするためには必要です。

　なお、ガイドラインには、本来「その他の手当」に属するであろう住宅手当・家族手当に関する記述がありません。しかし、改正前労働契約法20条に関する一連の最高裁判決によって、どう対応すべきかの方向性は出ています。

1　「その他の手当」に関するガイドラインの記述

　パートタイム・有期雇用労働者への「その他の手当」の待遇を整理すると、以下の表のようになります（ガイドライン第3　3(7)～(10)）。

番号	その他の手当	上段　前提条件
		下段　不合理性の有無
①	通勤手当・出張旅費	前提条件なし
		通常の労働者と同一の通勤手当及び出張旅費を支給しなければ不合理（注1）
②	食事手当	労働時間の途中に食事のための休憩時間がある
		通常の労働者と同一の食事手当を支給しなければ不合理（注2）
③	単身赴任手当	通常の労働者と同一の支給要件を満たす
		通常の労働者と同一の単身赴任手当を支給しなければ不合理
④	地域手当	通常の労働者と同一の地域で働く
		通常の労働者と同一の地域手当を支給しなければ不合理（注3）

（注1）　ガイドライン上の「（問題とならない例）」として、「A社においては、本社の採用である労働者に対しては、交通時実費の全額に相当する通勤手当を支給しているが、それぞれの店舗の採用である労働者に対しては、当該店舗の近隣から通うことができる交通費に相当する額に通勤手当の上限を設定して当該上限の額の範囲内で通勤手当を支給しているところ、店舗採用の短時間労働者であるXが、その後、本人の都合で通勤手当の上限の額では通うことができないところへ転居してなお通い続けている場合には、当該上限の額の範囲内で通勤手当を支給している。」という例と「A社においては、通勤手当につい

て、所定労働日数が多い（例えば、週4日以上）通常の労働者及び短時間・有期雇用労働者には、月額の定期券の金額に相当する額を支給しているが、所定労働日数が少ない（例えば、週3日以下）又は出勤日数が変動する短時間・有期雇用労働者には、日額の交通費に相当する額を支給している。」という例の2例が挙げられています。

(注2)　ガイドライン上の「(問題とならない例)」として、「A社においては、その労働時間の途中に昼食のための休憩時間がある通常の労働者であるXに支給している食事手当を、その労働時間の途中に昼食のための休憩時間がない（例えば、午後2時から5時までの勤務）短時間労働者であるYには支給していない。」という例が挙げられています。他方で、「(問題となる例)」として、「A社においては、通常の労働者であるXには、有期雇用労働者であるYに比べ、食事手当を高くしている。」という例が挙げられています。

(注3)　ガイドライン上の「(問題とならない例)」として、「A社においては、通常の労働者であるXについては、全国一律の基本給の体系を適用し、転勤があることから、地域の物価等を勘案した地域手当を支給しているが、一方で、有期雇用労働者であるYと短時間労働者であるZについては、それぞれの地域で採用し、それぞれの地域で基本給を設定しており、その中で地域の物価が基本給に盛り込まれているため、地域手当を支給していない。」という例が挙げられています。他方で、「(問題となる例)」として、「A社においては、通常の労働者であるXと有期雇用労働者であるYにはいずれも全国一律の基本給の体系を適用しており、かつ、いずれも転勤があるにもかかわらず、Yには地域手当を支給していない。」という例が挙げられています。

　以下、主な手当ごとに留意点を説明します。

2　住宅手当

(1)　住宅手当

　住宅手当とは、労働者に対し、住居費（賃料や住宅ローンを負担している場合が多い。）の一部又は全部の補助のために、支給する手当のことをいいます。

(2)　支給要件

住宅手当は、支給要件が厳格に定められているのが一般的です。家賃○○○円以下の賃貸住宅を借りている場合は、住宅手当は△△△円とするといった具合です。

(3)　裁判例

正社員とパートタイム・有期雇用労働者とで、住宅手当の支給の有無に差異があり、そのことが、改正前労働契約法20条違反であるか否かが争われた事案に関し、次のような裁判例があり、以下のいずれも改正前労働契約法20条の不合理な労働条件の禁止違反になると判断されました。

①　メトロコマース事件控訴審判決（東京高判平31・2・20労判1198・5）では、第1審判決（東京地判平29・3・23労判1154・5）を覆し、生活費補助の必要性は職務の内容等によって差異が生ずるものではないし、正社員であっても転居を必然的に伴う配置転換が想定されていないことを重視して、契約社員に住宅手当が支給されていないこと

②　日本郵便（東京）事件（東京高判平30・12・13判時2426・77）では、新一般職も転居を伴う配置転換等は予定されておらず、時給制契約社員も住宅に要する費用は同程度とみることができるため、後者に住居手当を支給していないこと

③　日本郵便（大阪）事件（大阪高判平31・1・24労判1197・5）では、契約社員と同様に転居を伴う配転が予定されていない正社員に対しても住居手当を支払っているため、契約社員に住宅手当を支給していないこと

そして、最高裁はこの点に関する上告受理申立てをいずれも不受理としたので、高裁の前述の判断が確定しています。これにハマキョウレックス事件最高裁判決（最判平30・6・1判時2390・96）が「この住宅手当は、従業員の住宅に要する費用を補助する趣旨で支給されるものと解

されるところ、契約社員については就業場所の変更が予定されていないのに対し、正社員については、転居を伴う配転が予定されているため、契約社員と比較して住宅に要する費用が多額となり得る。したがって、正社員に対して上記の住宅手当を支給する一方で、契約社員に対してこれを支給しないという労働条件の相違は、不合理であると評価することができるものとはいえない」と判断していることを加味して考えると、次のようにいえると思います。

すなわち、住宅手当の支給の有無の相違については、正社員とパートタイム・有期雇用労働者との間に転居を伴う転勤義務の有無に差異があって住宅に要する費用につき両者で違いがあるか否かを重要なメルクマールとして、不合理か否かが判断されることになるということです。上記差異がない場合は、単なる生活費の補助等と認定され、パートタイム・有期雇用労働者に支払わないのは不合理と判断される危険性が高くなります。

3　家族手当

(1)　家族手当

家族手当は、勤務先が定める一定の範囲の扶養家族がいる労働者に対し、生活の補助をするために支給される一定額の手当のことをいいます。扶養手当や配偶者手当・子ども手当と呼ばれることもあります。

(2)　支給要件

家族手当は、支給要件が厳格に定められているのが一般的です。支給対象者を世帯主に限るとか、支給対象の子供は2人までとする、18才となる年度の3月末までとするといった具合です。

(3)　裁判例

日本郵便（大阪）事件最高裁判決（最判令2・10・15労判1229・67）は、「郵便の業務を担当する正社員に対して扶養手当が支給されているの

は、上記正社員が長期にわたり継続して勤務することが期待されることから、その生活保障や福利厚生を図り、扶養親族のある者の生活設計等を容易にさせることを通じて、その継続的な雇用を確保するという目的によるものと考えられる。このように、継続的な勤務が見込まれる労働者に扶養手当を支給するものとすることは、使用者の経営判断として尊重し得るものと解される。もっとも、上記目的に照らせば、本件契約社員についても、扶養親族があり、かつ、相応に継続的な勤務が見込まれるのであれば、扶養手当を支給することとした趣旨は妥当するというべきである。そして、第1審被告においては、本件契約社員は、契約期間が6か月以内又は1年以内とされており、第1審原告らのように有期労働契約の更新を繰り返して勤務する者が存するなど、相応に継続的な勤務が見込まれているといえる。そうすると、(中略) 上記正社員と本件契約社員との間に労働契約法20条所定の職務の内容や当該職務の内容及び配置の変更の範囲その他の事情につき相応の相違があること等を考慮しても、両者の間に扶養手当に係る労働条件の相違があることは、不合理であると評価することができる」と判断しました。今後、家族手当については、前述の判断に依拠し、不合理か否かが判断されることになるでしょう。

4　通勤手当

(1)　通勤手当

通勤手当とは、労働者が通勤のために負担する公共交通機関の交通費・自動車通勤の場合の燃料費や高速道路利用料等の実費を一定の基準により補助するための手当をいいます。

(2)　裁判例

通勤手当の金額の不支給が改正前労働契約法20条違反になるか否かが争われた裁判例として、ハマキョウレックス事件最高裁判決 (最判平

30・6・1判時2390・96）があります。同事件では、有期の契約社員には、
月額3,000円の通勤手当が支給されていましたが、交通手段及び通勤
距離が同じ正社員には、月額5,000円の通勤手当が支給されるという
労働条件の相違があったことが、不合理な労働条件（待遇）の禁止に
反するかが争われました。

　最高裁は、「通勤手当は、通勤に要する交通費を補填する趣旨で支給
されるものであるところ、労働契約に期間の定めがあるか否かによっ
て通勤に要する費用が異なるものではない。また、職務の内容及び配
置の変更の範囲が異なることは、通勤に要する費用の多寡とは直接関
連するものではない。」との理由で正社員と有期の契約社員との間で、
通勤手当の金額に差異があることが不合理であると判断しました。

5　食事手当

（1）　食事手当（給食手当）

　食事手当（給食手当）とは、食事（主に昼食）の時間を挟んで勤務
する労働者に対し、一定の食費相当額を支給したり、社員食堂の利用
料や宅配弁当の利用料の一部又は全部の補助を行う手当をいいます。

（2）　裁判例

　給食手当の不支給が改正前労働契約法20条違反になるか否かが争わ
れた裁判例として、前述のハマキョウレックス事件最高裁判決があり
ます。ハマキョウレックス事件では、正社員に給食手当が支給され、
有期の契約社員には支給されていなかったことが、不合理な労働条件
（待遇）の禁止に反するか否かが1つの争点となりました。

　最高裁は、「給食手当は、従業員の食事に係る補助として支給される
ものであるから、勤務時間中に食事を取ることを要する労働者に対し
て支給することがその趣旨にかなうものである。」とした上で、「乗務
員については、契約社員と正社員の勤務の内容は異ならない上、勤務
形態に違いがあるなどといった事情はうかがわれない。また、職務の
内容及び配置の変更の範囲が異なることは、勤務時間中に食事を取る

ことの必要性やその程度とは関係がない。」と判示し、給食手当を契約
社員に支給しないことは、不合理であると判断しています。

6　地域手当・物価手当

(1)　地域手当・物価手当

地域手当とは、特定の地域で働く労働者に対する補償として支給さ
れる手当のことをいいます。一般的に大都市の方が、物価や住宅費が
高いことから、大都市勤務の場合に手厚く支給されることが多いもの
です。物価手当や物価調整手当と呼ばれることもあります。

(2)　裁判例

地域手当に関する裁判例は見当たりませんが、物価手当については、
井関松山ファクトリー事件（松山地判平30・4・24労判1182・5）において、
物価手当が年齢に応じて増大する生活費を補助するものであり、労働
者の職務内容等とは無関係に年齢に応じて無期契約労働者のみに支給
していたことから、無期契約労働者と有期契約労働者の労働条件の相
違が不合理であると判断されました。ただし、井関松山ファクトリー
事件において支給されている物価手当は、一般的な物価手当（物価調
整手当）と若干性質が異なり、地域ではなく年齢によって増大する点
に注意が必要です。なお、この点は同事件高松高裁判決（高松高判令元・
7・8労判1208・25）でも「物価手当の支給の趣旨は、年齢に応じて増加す
る生活費の補助にあって、年齢に応じた支給基準により、一定額が支
給されるものとされており、職務の内容の差異等に基づくものとは解
し難いこと、また、1審被告には、賞与と異なり、物価手当の支給の有
無及び支給額の多寡について格段の裁量もないことに照らすと、物価
手当の支給条件の差異について、所論の人事政策上の配慮等の必要性
を認めるに足りないというべきである。」と認定して、松山地裁の判断
を支持しています。また、同高裁判決は、上告受理されなかったため
（最決令3・1・22判例集未登載）確定しています。

コラム10	有為人材の獲得・定着論

　コラム10では、正社員については、有為な人材を獲得し、その定着を図りたいとの事業主の経営判断（以下「有為人材の獲得・定着論」といいます。）について、触れてみたいと思います。

　改正前労働契約法20条をめぐる下級審の判断が分かれる理由の1つがこの「有為人材の獲得・定着論」をどう評価するかでした。

　「有為」という言葉は、「能力のある」、「役に立つ」という意味ですので、「有為な人材の獲得・定着を図る」というのは、能力のある・役に立つ人材を採用して、その者に長く勤務してもらうという意味になります。終身雇用と対で語られることが多いですが、必ずしも、両者はセットでなければ存立し得ないというものではありません。そして、退職金や家族手当、病気休職などの待遇差が不合理か否かが争いになった場合、この「有為人材の獲得・定着論」という事業主の経営判断をどの程度、考慮要素として斟酌できるかで、下級審の判断が分かれていました。

　確かに、我が国で終身雇用が大いに揺らいでいることも、事実です。しかし、企業においては、有為人材の獲得・定着論も揺らいでいるのでしょうか。少なくとも、現時点でそのようなことはありません。能力のある、役に立つ人材を採用し、その者に長く勤務してもらいたいというのは、企業が広く共通して有する願いです。

　ところで、ハマキョウレックス事件最高裁判決が出た頃には、論者によっては、最高裁は有為人材の獲得・定着論を論拠とする正社員優遇論を排斥したとの指摘もありました。

　しかし、大阪医科薬科大学事件最高裁判決（最判令2・10・13労判1229・77）では賞与について、メトロコマース事件最高裁判決（最判令2・10・13労判1229・90）では退職金について、それぞれ有期契約労働者に支給しないことが不合理でないとする明確な論拠として、有為人材の獲得・定着論が使われています。ただ、注意すべきは、その性質・目的が多義的な賞与・退職金では、事業主の経営判断が尊重され、不合理でない論拠として使われましたが、その性質・目的が単一で明確な手当（例えば、家族手当）については、使われていない点です。有為人材の獲得・定着論にも、最高裁が一定の限界があると考えていることは留意すべきです。

　それから、もう1つ重要な留意点があります。

　それは、有為人材の獲得・定着論は、少なくとも

① 　正社員とパートタイム・有期雇用労働者との間で、「職務の内容」並びに「職務の内容及び配置の変更の範囲」に差異があること

② 　正社員には、正社員としての職務を遂行し得る人材にふさわしい待遇（賃金体系や教育制度等）が付与されていること

を前提としていると考えられる点です。前述の大阪医科薬科大学事件でも、メトロコマース事件でも、最高裁は正社員（正職員）につき、上記①及び②を認定しています。逆に言えば、上記①及び②を欠けば、有為人材の獲得・定着論は、成り立たないということです。

ポイント14 パートタイム・有期雇用労働者に対し、「福利厚生・教育訓練・安全管理」を、どのように制度設計すれば同一労働同一賃金をクリアできるか

① 慶弔休暇を含む法定外の休暇・病気休職以外の福利厚生・教育訓練・安全管理については、通常の労働者との間で、待遇差を設けるのは不合理と判断されると考えておくべきです。そのため、これらの待遇差があるのであれば、これを解消する必要があります。

② 慶弔休暇については、長期雇用、短期雇用に関係なく労務政策の観点から、ガイドライン記載の問題とならない例のような場合を除いて、パートタイム・有期雇用労働者にも通常の労働者と同様の慶弔休暇を付与すべきでしょう。

③ 法定外の休暇、具体的には、病気休暇については、パートタイム・有期雇用労働者の長期雇用が見込まれる場合、通常の労働者と同一の病気休暇を付与すべきです。また、夏期冬期休暇は、業務の繁閑に関わらない勤務が見込まれるパートタイム・有期雇用労働者にも付与すべきです。

④ これに対し、パートタイム・有期雇用労働者に対する病気休職制度は当面設けず、一方、契約期間中での病気欠勤を理由とする解雇は控えておき、契約期間満了時の雇止めで対応すべきと考えます。

1 福利厚生・教育訓練・安全管理に関するガイドラインの記述

　パートタイム・有期雇用労働者への待遇を整理すると、以下の表のようになります（ガイドライン第3 4・5）。

番号	福利厚生・その他	上段　前提条件
		下段　不合理性の有無
①	給食施設、休憩室及び更衣室	通常の労働者と同一の事業所で働いている
		通常の労働者と同一の利用を認めなければ不合理
②	転勤者用社宅	通常の労働者と同一の支給要件（例えば、転勤の有無、扶養実施の有無、住宅の賃貸又は収入の額）
		通常の労働者と同一の利用を認めなければ不合理
③	慶弔休暇並びに健康診断に伴う勤務免除及び当該健康診断を勤務時間中に受診する場合の当該受診時間に係る給与の保障	前提条件なし
		通常の労働者と同一の慶弔休暇の付与、勤務免除及び給与の保障を行わなければ不合理（注）
④	病気休職	前提条件なし
		・パートタイム労働者（有期雇用労働者を除く）には、通常の労働者と同一の病気休職を認めなければ不合理 ・有期雇用労働者にも、労働契約が終了するまでの期間を踏まえて、病気休職を認めなければ不合理
⑤	法定外の有給の休暇その他の法定外の休暇（慶弔休暇を除く）	通常の労働者と同一の勤続期間（期間の定めのある労働契約を更新している場合には、当初の労働契約の開始時から通算して勤続期間を評価すること）

		通常の労働者と同一の休暇（慶弔休暇を除く）を付与しなければ不合理
⑥	教育訓練であって、現在の職務の遂行に必要な技能又は知識を習得するために実施するもの	通常の労働者と職務の内容が同一
		通常の労働者と同一の教育訓練を実施しなければ不合理。また、職務の内容に一定の相違がある場合においては、その相違に応じた教育訓練を実施しなければ不合理
⑦	安全管理に関する措置及び給付	通常の労働者と同一の業務環境
		通常の労働者と同一の措置及び給付をしなければ不合理

（注）　③の慶弔休暇に関しては、「（問題とならない例）」として

> 　A社においては、通常の労働者であるXと同様の出勤日が設定されている短時間労働者であるYに対しては、通常の労働者と同様に慶弔休暇を付与しているが、週2日の勤務の短時間労働者であるZに対しては、勤務日の振替での対応を基本としつつ、振替が困難な場合のみ慶弔休暇を付与している。

との例が挙げられ、柔軟な対応も許容されています。

2　前述1①（給食施設等）、②（転勤者用社宅）、⑥（教育訓練）及び⑦（安全管理）

　ガイドラインに記載されている対応を行うべきです。そうでないと、待遇差が不合理と判断される可能性が高いといえます。

　それぞれについて、若干の解説を加えます。

　①の給食施設、休憩室及び更衣室については、通常の労働者とパートタイム・有期雇用労働者が同一の事業所で勤務している以上、パートタイム・有期雇用労働法12条に基づいて、通常の労働者と同様の利

用の機会を与えなければなりません。差異を設けている場合には、直ちに是正する必要があります。

②の転勤者用社宅は、通常の労働者と同一の要件（例えば、転勤の有無、扶養家族の有無、収入の額等）を充足する場合には、同一の利用を認めなければ、不合理な待遇差となります。

⑥の教育訓練と⑦の安全管理については、労務の提供と直接的な結びつきがありますので、ガイドライン記述の対応を取る必要があります。

3　前述1③（慶弔休暇等）

③の慶弔休暇等については、同一労働同一賃金の流れの中で、労働政策の観点から見ても、通常の労働者と同様（同一とせず、同様としたのは、慶弔休暇の日数に違いを設けることは、必ずしも不合理な待遇差とは考えないからです。）の付与等を行うべきです。新婚旅行に行くため、あるいは親しかった親族の葬儀に参列するために欠勤する場合に、通常の労働者との取扱いが大きく異なるのは、時代に逆行するばかりか、パートタイム・有期雇用労働者の勤労意欲という観点から見ても、問題があります。

一方、慶弔休暇等をパートタイム・有期雇用労働者に認めたからといって、頻繁にあるものではなく、それほどの経費負担にならないはずです。ガイドラインに即した対応がよいと考えます。

なお、慶弔休暇に関しては、ガイドラインに前述のような注記があり、柔軟な対応も可能です。

4　前述1⑤（法定外の有給の休暇その他の法定外の休暇（慶弔休暇を除く））

（1）　ガイドライン

ガイドラインでは、「法定外の有給の休暇その他の法定外の休暇（慶

弔休暇を除く。）であって、勤続期間に応じて取得を認めているものについて、通常の労働者と同一の勤続期間である短時間・有期雇用労働者には、通常の労働者と同一の法定外の有給の休暇その他の法定外の休暇（慶弔休暇を除く。）を付与しなければならない。なお、期間の定めのある労働契約を更新している場合には、当初の労働契約の開始時から通算して勤続期間を評価することを要する。」と述べられています。

　そして、「問題とならない例」として、「A社においては、長期勤続者を対象とするリフレッシュ休暇について、業務に従事した時間全体を通じた貢献に対する報償という趣旨で付与していることから、通常の労働者であるXに対しては、勤続10年で3日、20年で5日、30年で7日の休暇を付与しており、短時間労働者であるYに対しては、所定労働時間に比例した日数を付与している。」との例が挙げられています（ガイドライン第3　4(5)）。

　(2)　法定外年休

　　ア　法定外年休

　法定外年休とは、労働基準法の求める年次有給休暇の付与日数を上回って事業主から付与される年次有給休暇をいいます。

　　イ　法定外年休に関する裁判例

　大阪医科薬科大学事件（第1審：大阪地判平30・1・24労判1175・5、控訴審：大阪高判平31・2・15判タ1460・56）においては、第1審・控訴審ともに、正職員とアルバイト職員との年次有給休暇の待遇差が不合理ではないと判断しました。年休の算定方法の違いにより、アルバイト職員の原告は、同じ日に採用された正職員より1日年休日数が少ない事案でしたが、それは、正職員の年休付与日を特定の日に調整して一律に扱っているのは年休手続の省力化や事務の簡便化を図るためであり、他方アルバイト職員は年休付与日を特定の日に調整する必然性にも乏しいこ

とから算定方法の相違に一定の根拠があること、年休日数の相違も1日であることから、不合理な相違ではないと判断されました。

　ウ　法定外年休の待遇差の留意点

　通常の労働者とパートタイム・有期雇用労働者双方に、労働基準法に基づいた同じ基準で年次有給休暇を付与している場合には、何ら不合理な待遇差は見られません。

　しかし、通常の労働者には、労働基準法に上乗せした休暇日数を付与する一方で、パートタイム・有期雇用労働者には、上乗せがない日数を付与するという待遇差を設けた場合、不合理な待遇差に該当するかが問題となります。

　この点、正社員には、労働基準法に上乗せした休暇日数を付与する一方で、パートタイム・有期雇用労働者には、上乗せがないといった日数における待遇差を設けた場合には、不合理な待遇差になると考えておくべきです。

　また、年次有給休暇の付与のタイミングについても、大阪医科薬科大学事件のように、事務処理上の便宜からやむを得ず待遇差が出てしまうケースは不合理な待遇差とまではいわれませんが、そのような事情がないのに、年次有給休暇の付与のタイミングについて、正社員を殊更優遇することは不合理な待遇差があると判断されます。

　(3)　特別休暇

　ア　特別休暇

　特別休暇は、年次有給休暇以外に特別に付与される休暇で、その付与事由・時季の両方が特定されているものから、片方のみが特定されているもの、あるいは、両方とも特定されていないものまであります。また、特別休暇を有給とするか無給とするかについては、本来、事業主の制度設計によります。

　以下、特別休暇の1つである病気休暇と夏期冬期休暇を取り上げて解説します。

　　ィ　病気休暇

　最高裁は、病気休暇につき、大阪医科薬科大学事件（最判令2・10・13労判1229・77）では、教室事務員である正職員とアルバイト職員との間に「私傷病による欠勤中の賃金に係る労働条件の相違（アルバイト職員への不支給）」を不合理でないとし、一方、日本郵便（東京）事件（最判令2・10・15労判1229・58）では、「私傷病による病気休暇の日数につき相違を設けることはともかく」、契約社員の休暇を無給とすることは不合理であると判断しました。

　一見、矛盾するような結論ですが、それは、最高裁が、病気休暇の性質・目的について、次のように判断しているからです。すなわち、「第1審被告において、私傷病により勤務することができなくなった郵便の業務を担当する正社員に対して有給の病気休暇が与えられているのは、上記正社員が長期にわたり継続して勤務することが期待されることから、その生活保障を図り、私傷病の療養に専念させることを通じて、その継続的な雇用を確保するという目的」であるとし（この点は、大阪医科薬科大学事件最高裁判決も同旨）、「このように、継続的な勤務が見込まれる労働者に私傷病による有給の病気休暇を与えるものとすることは、使用者の経営判断として尊重し得るものと解される。」と判示しました。その上で、「もっとも、上記目的に照らせば、郵便の業務を担当する時給制契約社員についても、相応に継続的な勤務が見込まれるのであれば、私傷病による有給の病気休暇を与えることとした趣旨は妥当する」と判断したからです（以上については、前述の日本郵便（東京）事件最高裁判決）。

　一方、大阪医科薬科大学事件最高裁判決では、「アルバイト職員は、契約期間を1年以内とし、更新される場合はあるものの、長期雇用を前

提とした勤務を予定しているものとはいい難」く、現に、「第1審原告
は、勤務開始後2年余りで欠勤扱いとなり、欠勤期間を含む在籍期間も
3年余りにとどま」ったことが認定されています。結局のところ、病気
休暇の「生活保障を図り、私傷病の療養に専念させることを通じて、
その継続的な雇用を確保するという目的」が妥当するか否かは、「相応
に継続的な勤務が見込まれるか否か」をメルクマールとして判断され
ているということです。日本郵便（東京）事件と大阪医科薬科大学事
件とでは、その「相応に継続的な勤務が見込まれるか否か」に違いが
あったのです。

　ウ　夏期冬期休暇

　日本郵便（佐賀）事件最高裁判決（最判令2・10・15労判1229・5）は、夏
期冬期休暇について、次のように判断しています。なお、②について
は、日本郵便（東京・大阪）事件最高裁判決（最判令2・10・15労判1229・
58、労判1229・67）も同旨の判示をしています。

① 「郵便の業務を担当する正社員に対して夏期冬期休暇が与えられ
　ているのは、年次有給休暇や病気休暇等は別に、労働から離れる機
　会を与えることにより、心身の回復を図るという目的によるもので
　あると解され、夏期冬期休暇の取得の可否や取得し得る日数は上記
　正社員の勤続期間の長さに応じて定まるものとはされていない。そ
　して、郵便の業務を担当する時給制契約社員は、契約期間が6か月以
　内とされるなど、繁忙期に限定された短期間の勤務ではなく、業務
　の繁閑に関わらない勤務が見込まれているのであって、夏期冬期休
　暇を与える趣旨は、上記時給制契約社員にも妥当する」

② 「夏期冬期休暇は、有給休暇として所定の期間内に所定の日数を
　取得することができるものであるところ、郵便の業務を担当する時
　給制契約社員である被上告人は、夏期冬期休暇を与えられなかった
　ことにより、当該所定の日数につき、本来する必要のなかった勤務

をせざるを得なかったものといえるから、上記勤務をしたことによる財産的損害を受けたものということができる。」

③ そして、原審の「郵便の業務を担当する正社員に対して夏期冬期休暇を与える一方で、同業務を担当する時給制契約社員に対してこれを与えないという労働条件の相違」は不合理であり、同休暇日数分の賃金に相当する損害が発生したとの判断を支持しました。

エ まとめ

病気休暇及び夏期冬期休暇に関する最高裁判決が出た以上、当該休暇の性質・目的を同じように認定できるケースについては、今後、裁判所は同じ判断をすることが予想されます。

5 前述1④（病気休職）

（1）病気休職

病気休職とは、労働者が負傷又は疾病により就業できない場合に、一定期間労働契約関係を維持させながら労務の提供を免除する制度をいい、病気休暇とは、同様の場合に与えられる休暇をいいます。労働基準法等の法律でかかる制度を設けることが求められているわけではなく、したがって、休職期間・休暇期間の長短や賃金の有無については、事業主において自由な制度設計が、本来可能です。

（2）病気休職についてのガイドラインの記述

ガイドラインは、「病気休職」について、以下のように記述しています（ガイドライン第3 4(4)）。

> 短期労働者（有期雇用労働者である場合を除く。）には、通常の労働者と同一の病気休職の取得を認めなければならない。また、有期雇用労働者にも、労働契約が終了するまでの期間を踏まえて、病気休職の取得を認めなければならない。

　また、ガイドラインでは、問題とならない例を以下のとおり示して
います。

（問題とならない例）

　A社においては、労働契約の期間が1年である有期雇用労働者である
Ｘについて、病気休職の期間は労働契約の期間が終了する日までとして
いる。

---

　(3)　病気休職の性質・目的

　病気休職（傷病休職）制度の目的は解雇猶予であり、それは、とり
もなおさず、前述の病気休暇の目的である「正社員が長期にわたり継
続して勤務することが期待されることから、その生活保障を図り、私
傷病の療養に専念させることを通じて、その継続的な雇用を確保する」
ことと共通のものといえます。

　そうすると、病気休職についても、相応に継続的な勤務が見込まれ
るか否かで、その制度を当該パートタイム・有期雇用労働者に設けて
いないことが不合理か否かが判断されることになると予想されます。

　(4)　実務対応

　しかし、執筆者は、自社のパートタイム・有期雇用労働者が「相応
に継続的な勤務が見込まれる」からといって、早々にガイドラインに
従って、休職制度を導入する必要はないものと考えます。その理由は、
次のとおりです。

　中小企業においては、病気休職の間、有給とする企業は非常に少な
いものと思います。その間、労働者は、傷病手当の支給を健康保険組
合から受けるというのが一般的なはずです。

　そうすると、休職制度を導入しなくとも、契約期間の途中で病気欠
勤を理由とする解雇を行わなければ、休職者にとって特段の不利益は
ないことになります。一方、休職制度を導入した場合、休職期間満了

日である契約期間満了日が近づいた時点で、精神疾患に罹患している休職者から、復職可とする診断書が提出された場合、契約の更新を行うことになります。しかし、休職制度を導入していなければ、契約期間中の出勤率の悪さを理由として、雇止めすることも可能であると考えるからです。

　パートタイム・有期雇用労働者に対する病気休職制度の導入は、慎重に検討されるべきと思います。

コラム11	ガイドラインの位置付け

　コラム11では、 ポイント10 、 ポイント12 、 ポイント13 及び ポイント14 で頻繁に出てきたガイドライン（短時間・有期雇用労働者及び派遣労働者に対する不合理な待遇の禁止等に関する指針）の位置付けについて述べます。

　この点は、平成30年8月30日開催の第9回労働政策審議会職業安定分科会雇用環境・均等分科会同一労働同一賃金部会における岩村正彦公益代表委員の次の発言が分かりやすいので、そのまま引用します。「この指針自体はあくまでも法律に基づいて大臣が作るものですけれども、それ自体としては行政指導の根拠になるという性格のもので、こういっては失礼ですが、そのような性格のものでしかないので、これが裁判所を拘束するわけではないという点は留意しておく必要がある」旨の発言です。ガイドラインの持つ効力が簡潔に説明されています。

　ところで、ガイドラインは、パートタイム・有期雇用労働法15条にその根拠規定がありますが、こういう基準で均等・均衡待遇を運用してくださいというものであって、行政機関はそれに従った行政指導を行いますが、裁判規範となるものではありません。

　 ポイント10 で解説したように、ガイドラインの基本給及び賞与に関する記述は、待遇の決定条件・ルールを同じくする場合で、かつ、職務の内容や職務の内容及び配置の変更の範囲がほとんど同じという特殊なケースでのみ妥当するものです。その前提条件を無視して、ガイドラインの記述に従う必要はありません。また、ガイドラインの記述は、事業主の経営判断である有為の人材の獲得・定着を図るという視点にも冷淡です。最高裁がその視点を排斥していないことは、コラム10で指摘したとおりです。

　しかし、ガイドラインは行政指導の根拠としては、使用されます。通達（平31・1・30基発0130第1等第3　14(1)ハ）によれば、パートタイム・有期雇用労働法8条については、同条に違反することが明確な場合を除き、指導等の対象とならないとされていますが、それでも指導がないとはいえません。その場合、当該指導が誤っていると考えるなら、①ガイドラ

イン上も「原則となる考え方等に反した場合、当該待遇の相違が不合理
と認められる等の可能性がある。」と従前のガイドライン案に比べて後
退した記述となっていること、②ガイドラインの記述内容とは異なる裁
判例があることを具体的に挙げて、指導の裏付けがない旨を指摘する必
要があるでしょう。

ポイント15 定年後再雇用者につき許容される定年前後の待遇差と再雇用制度にかえて定年延長制度を導入する場合の各留意点は

留意点は、次の4つです。

＜再雇用制度＞

① パートタイム・有期雇用労働法の適用可否

　定年後再雇用者については、有期雇用労働者として、不合理な待遇の禁止を定めるパートタイム・有期雇用労働法8条も含めて同法の適用があります。

② 定年前後の待遇差

　定年後再雇用者の基本給、賞与や職務に関連する賃金の相違については、定年退職者であることが同法8条に定める「その他の事情」として考慮され、定年前後で職務の内容と職務の内容及び配置の変更の範囲が異なっていれば、ある程度の相違があっても、不合理とは認められにくく、それが同一であれば、異なる場合に比べ相違の許容される範囲が狭まります。

③ 定年後再雇用者に対する均等待遇を定めるパートタイム・有期雇用労働法9条の適用可否

　通常の労働者と同視すべきパートタイム・有期雇用労働者に対する差別的取扱いを禁止するパートタイム・有期雇用労働法9条は、同法8条に定める「その他の事情」を考慮要素としていませんが、定年前後での待遇差は、パートタイム・有期雇用労働者であることを理由とするものではなく、定年後再雇用者であることを理由とするものであれば、同条違反とはならないと考えられます。

<定年延長制度>
④　定年延長制度のメリット・デメリット

正社員の定年を65歳まで延長した場合には、パートタイム・有期雇用労働法8条及び9条の問題は生じないというメリットがありますが、65歳の定年まで正社員として雇用する必要があり、また、新たに設ける60歳以上の正社員の労働条件が適法と認められるかという問題を抱えるデメリットが生じます。

1　高年齢者等の雇用の安定等に関する法律

同法により、現在、事業主には、①60歳未満の定年禁止（高年雇用8）、②65歳までの雇用確保措置が義務付けられています。そして、②の雇用確保措置としては、⑦65歳までの定年年齢の引上げ、⑦65歳までの継続雇用制度の導入、⑦定年制廃止のいずれかを講じなければならないこととされています（高年雇用9①）。

厚生労働省の「令和2年「高年齢者の雇用状況」集計結果」によると、65歳までの雇用確保措置のある企業は99.9％、その雇用確保措置のうち、⑦の65歳までの定年年齢の引上げが20.9％、⑦の65歳までの継続雇用制度の導入が76.4％、⑦の定年の廃止が2.7％となっています。

なお、⑦の65歳までの継続雇用制度には、定年で一旦退職とし、再度雇い入れるという再雇用制度（有期雇用労働者となります。）と定年で退職とせず、引き続き雇用を続ける勤務延長制度とがあります。再雇用制度の場合、一旦退職扱いになるため、再雇用時に労働条件を変更することが可能ということで、継続雇用制度の中では再雇用制度が採用される場合がほとんどです。

2　留意点①（パートタイム・有期雇用労働法の適用可否）

　定年後再雇用者も、少なくとも有期雇用労働者である以上、パートタイム・有期雇用労働法の適用は免れません。

3　留意点②（定年前後の待遇差）

（1）　独立行政法人労働政策研究・研修機構の「高年齢者の雇用に関する調査（企業調査）」（2020年3月）による調査結果

　同調査によると、定年前後の仕事の変化（従業員規模別、単位％）は次のとおりです。

従業員数	定年前とまったく同じ仕事	定年前と同じ仕事であるが、責任の重さが軽くなる	定年前と同じ仕事であるが、責任の重さが重くなる	定年前と一部異なる仕事	定年前とまったく異なる仕事	その他	無回答
100人未満	47.0	34.0	0.4	5.0	0.5	0.9	12.2
100人〜299人	43.8	41.3	0.3	5.8	0.5	0.6	7.7
300人〜999人	35.9	48.1	0.4	6.9	0.6	0.6	7.5
1000人以上	34.1	44.3	0.0	8.4	1.8	1.8	9.6

（出典：独立行政法人労働政策研究・研修機構発行JILPT調査シリーズNo.198「高年齢者の雇用に関する調査（企業調査）」の「第Ⅰ部　調査概要」より抜粋して加工）

　また、同調査によると、「61歳時点での賃金は、60歳直前の水準を100とすると、どの程度になりますか」との質問に対する回答は、次の

とおりです。

従業員規模	平均的な水準の人の平均値	最も低い水準の人の平均値
100人未満	80.5	73.7
100～　300人未満	78.2	70.0
300～1000人未満	74.7	66.0
1000人以上	70.9	59.8

（出典：独立行政法人労働政策研究・研修機構発行JILPT調査シリーズ
　　No.198「高年齢者の雇用に関する調査（企業調査）」の「第Ⅱ部　付
　　属統計表」より抜粋して加工）

　上記2つの表から、企業規模が小さいほど、定年前後で業務の内容及び当該業務に伴う責任の程度（職務の内容）並びに職務の内容及び配置の変更の範囲（以下「人材活用の仕組み・運用等」といいます。）が同一である割合が高くなること、一方、企業規模が大きくなるほど、定年前後で、賃金水準が大きく下がることが分かります。その理由としては、企業規模が小さい場合、代替し得る労働者が少ないため、定年前の仕事を定年後再雇用者が引き続き担当せざるを得ないこと、企業規模が大きくなれば、企業規模の小さいところに比べ、定年直前の賃金水準が高くなっていることを挙げることができるでしょう。

(2)　定年後再雇用者の賃金水準

　定年後再雇用者の賃金水準に関心があると思いますので、この点から取り上げます。しかし、総額としての賃金水準だけでなく、各待遇（例えば、基本給、賞与、○○手当等）ごとの待遇差を検討することも重要です。

　ア　定年前後で職務の内容と人材活用の仕組み・運用等が同一の場合

　定年後再雇用者についての不合理な待遇の禁止問題については、期

間の定めがあることによる不合理な労働条件の禁止を定める改正前労
働契約法20条の適用可否が問題となった長澤運輸事件最高裁判決（最
判平30・6・1判時2389・107）があります。コラム4で紹介したように長澤
運輸事件は、定年前後で職務の内容と人材活用の仕組み・運用等が同
一のケースでした。同判決では、「定年退職後に再雇用された者」であ
る点が「その他の事情」として重視され、月給基本給ベースで、約2%
～12%の減額、年収ベースで約21%の減額という事案について、精勤
手当の不支給とその手当を超勤手当（時間外手当）の計算の基礎に入
れなかった点を除けば、定年前後の賃金格差は不合理とは認められな
いと判断されました。

　ところで、執筆者らは、定年前後で職務の内容と人材活用の仕組み・
運用等が同一ということであれば、有期である定年後再雇用者の待遇
が不合理と認められないためには、通常の労働者の年収に比べ、7割程
度（60歳時点に比べ賃金が75%未満に低下した場合に支給される高年
齢雇用継続基本給付金を含みます。）が一応の目安になるのでないか
と考えます。それ以上に賃金水準を下げるのであれば、責任の程度を
明確に軽くするなどの措置をとるべきでしょう。ただし、定年後再雇
用者の場合、通常の労働者をどのように選定するのか、あるいは、定
年前も定年後も肉体労働が中核業務であるようなケースでは、40歳位
の年収を「その他の事情」として勘案できないか等の問題は残ります。

　なお、定年前後で主任の役職を外れた点を除き職務の内容と人材活
用の仕組み・運用等が同一であるケースで、正職員定年退職時と嘱託
職員時の各基本給の「相違は、労働者の生活保障という観点も踏まえ、
嘱託職員時の基本給が正職員定年退職時の基本給の60%を下回る限度
で」不合理であると判断する裁判例があります（名古屋自動車学校事件＝
名古屋地判令2・10・28労経速2434・3）。

　　イ　定年前後で職務の内容や人材活用の仕組み・運用等が異なる
　　　　場合
　それでは、定年前後で職務の内容や人材活用の仕組み・運用等が異

なる場合は、どの程度、賃金総額を下げることができるのでしょうか。

　その検討に当たっては、事案ごとの個別要素が重要で、一律に何％位の減額が許されると言うのは困難です。そこで、次のような参考となる裁判例を挙げるにとどめます。

① 　職務の内容は同一であるが、人材活用の仕組み・運用等が異なる五島育英会事件（東京地判平30・4・11労経速2355・3）では、定年前の約6割支給が不合理とは認められないと判断されました。ただし、正確にいえば、判決においては、人材活用の仕組み・運用等につき、就業規則上は相違があるものの、実際の運用上、変更が命じられることが極めて稀であったため、そのような相違を重視することはできないとされています。

② 　職務の内容と人材活用の仕組み・運用等がいずれも異なる日本ビューホテル事件（東京地判平30・11・21労経速2365・3）では、定年前の約5割支給が、同種の北日本放送事件（富山地判平30・12・19労経速2374・18）では、定年前の年収約843万円が約500万円（ただし、高年齢雇用継続基本給付金年約48万円と企業年金約136万円を入れた金額）に下がったケースで、いずれも不合理とは認められないとされました。

③ 　定年後の再雇用では定年前と大幅に異なる職務の内容で就労する制度を採っていた学究社事件（東京地立川支判平30・1・29労判1176・5）では、定年前の約3〜4割前後を目安とする賃金支給となることについて、不合理ではないと判断されています。

　(3)　定年前後で各待遇ごとに許容される待遇差

　定年後再雇用後の待遇差に関する裁判例としては、長澤運輸事件最高裁判決のほか、同最高裁判決後の裁判例として、日本ビューホテル事件及び北日本放送事件があります。

　これらの裁判例からすれば、基本給や職務に関連する賃金の相違に関しては、定年前と定年後で職務の内容及び人材活用の仕組み・運用等が異なっていれば、ある程度の相違があっても不合理とは認められないといえます。また、福利厚生及び生活保障の趣旨で支給される手

当等に関しても、職務の内容及び人材活用の仕組み・運用等が同一である場合であっても、定年後であるため不合理とは認められにくいといえます。他方で、定年前の通常の労働者に対する支給の趣旨、つまり支給の目的・性格が再雇用者にも妥当する手当等の不支給は、不合理と認められる可能性が高いといってよいでしょう。例えば、長澤運輸事件の精勤手当等です。

4　留意点③（定年後再雇用者に対する均等待遇を定めるパートタイム・有期雇用労働法9条の適用可否）

　パートタイム・有期雇用労働法の施行前は、有期雇用労働者には、パートタイム労働者を対象とする改正前パートタイム労働法9条のような均等待遇を定める条文はありませんでした。そのため、長澤運輸事件では、期間の定めがあることによる不合理な労働条件の禁止を定める改正前労働契約法20条の適用の可否が争点となっていました。

　そして、最高裁は、定年後再雇用者であることは、「その他の事情」として考慮されるとし、前述の精勤手当の支給とその手当を超勤手当の計算の基礎に入れなかった点を除けば、定年前後の賃金格差は不合理とは認められないと判断しました。

　しかし、そうしますと、長澤運輸事件と同様のケースが、パートタイム・有期雇用労働法の下で争われた場合、同法9条の通常の労働者と同視すべきパートタイム・有期雇用労働者として一切の差別的取扱いが禁止され、結果として均等待遇が求められ、通常の労働者の賃金との差額の損害賠償義務を事業主が負うかが問題となります。

　この点について、執筆者らは、同法9条では、「短時間・有期雇用労働者であることを理由として、基本給、賞与その他の待遇のそれぞれについて、差別的取扱いをしてはならない。」と定められているため、定年前後での待遇差が、パートタイム・有期雇用労働者であることを理由とするものではなく、定年後再雇用者であることを理由とするも

のであれば、同条違反とはならないものと考えます。

5　留意点④（定年延長制度のメリット・デメリット）

　定年後再雇用制度を採用している場合、再雇用者は、パートタイム労働者や有期雇用労働者としますので、通常の労働者との待遇差については、パートタイム・有期雇用労働法8条又は9条違反となる可能性をゼロにすることはできません。ちなみに、留意点③で指摘した事項は、現時点では裁判例があるわけでなく、あくまで有力な解釈にすぎません。

　そのため、正社員の定年を60歳から65歳まで延長すれば、当該正社員は、パートタイム労働者や有期雇用労働者に該当せず、パートタイム・有期雇用労働法8条及び9条の適用はなく、これらの違反は問題にならないといえます。これは、定年延長制度をとる場合のメリットです。

　もっとも、定年を65歳まで延長する以上、事業主は、解雇又は退職ということがなければ、65歳まで正社員を雇用し続けなければならないことになります。また、事業主は、通常、正社員が60歳で定年退職することを前提として様々な労働条件を設定しているものと思いますので、定年を60歳から65歳に延長する場合には、労働条件の変更を検討する必要があります。そして、新たに設ける60歳以上の労働条件については、これまで存在しなかった以上、就業規則で自由に定めることができるという考え方もありますが、裁判実務では、就業規則の不利益変更の問題（労契10）としてとらえ、その不利益変更には合理性を必要とするという裁判例も少なからずあります。つまり、その変更に合理性があるかという問題を招来する可能性があるのです。

　これらは、定年延長制度を採用する場合のデメリットです。

　したがって、パートタイム・有期雇用労働法8条又は9条の適用を免れるという目的だけで、定年後再雇用制度にかえて定年延長制度を導入した方がよいケースは少ないと思われます。

| コラム12 | 高年齢者等の雇用の安定等に関する法律 |

　高年齢者等の雇用の安定等に関する法律が改正され、令和3年4月1日から施行されます。改正点は、何点かありますが、重要な改正点として、次の点を挙げることができます。9条（高年齢者雇用確保措置）と並んで、10条の2（高年齢者就業確保措置）として、次のような内容の条項が新設されました。

　すなわち、事業主に対して、65歳から70歳までの就業機会を確保するため、高年齢者就業確保措置として、以下の①〜⑤のいずれかの措置を講ずる努力義務が設けられたのです。

　なお、努力義務について雇用以外の措置（④及び⑤）による場合には、労働者の過半数を代表する者等の同意を得た上で導入されるものとされています。

---

①　70歳までの定年引上げ

---

②　70歳までの継続雇用制度の導入
　　（特殊関係事業主に加えて、他の事業主によるものを含みます。）

---

③　定年廃止

---

④　高年齢者が希望するときは、70歳まで継続的に業務委託契約を締結する制度の導入

---

⑤　高年齢者が希望するときは、70歳まで継続的に
　　㋐　事業主が自ら実施する社会貢献事業
　　㋑　事業主が委託、出資（資金提供）等する団体が行う社会貢献事業
　　に従事できる制度の導入

> ポイント16　無期雇用労働者、特に「無期転換労働者（労働契約法18条に基づく無期転換申込権を行使した労働者）」と「正社員」との間の待遇差に関する留意点は

　パートタイム・有期雇用労働法8条及び9条は、パートタイム労働者及び有期雇用労働者の待遇に関して定めたものですので、無期雇用労働者がパートタイム労働者に該当しない限り、正社員との待遇差について、同法の適用はありません。ただし、無期転換労働者については、端的に同法が適用されることはありませんが、無期転換労働者に適用される就業規則が合理性を欠くことを理由に同法が適用されたのと同じ結果となる例外的場合がありますので注意を要します。また、職務の内容や職務の内容及び配置の変更の範囲をパートタイム・有期雇用労働者当時と同一にしたまま、無期転換労働者の待遇を引き上げると、パートタイム・有期雇用労働者との間で、パートタイム・有期雇用労働法9条に定める均等待遇の問題が生じることにも注意が必要です。

1　限定正社員と正社員との待遇差

　同じ事業主の下に、無期雇用労働者として、正社員と勤務地又は勤務時間限定の正社員（以下「限定正社員」といいます。）とがいる場合から説明します。

(1)　契約締結自由の原則

　事業主は、契約締結の自由を有しており、自己の営業のために労働者を雇用するに当たり、いかなる労働条件で雇用するかについて、法

律その他の特別の制限がない限り、原則として自由に決定することができます（三菱樹脂本採用拒否事件＝最大判昭48・12・12判時724・18）。

(2)　パートタイム・有期雇用労働法8条及び9条の適用の有無

パートタイム・有期雇用労働法8条及び9条は、契約締結自由の原則の例外に当たる法律上による制限といえますが、同法は、パートタイム・有期雇用労働者の待遇と通常の労働者との待遇差に関するものです。したがって、同じ事業主の下に、待遇差が認められる無期雇用労働者たる正社員と無期雇用労働者たる限定正社員がいる場合、限定正社員がパートタイム労働者に該当しない限り、限定正社員と正社員との待遇差には、パートタイム・有期雇用労働法の適用の余地はありません。しかし、限定正社員が、勤務時間限定の正社員の場合、パートタイム労働者に該当し、パートタイム・有期雇用労働法8条及び9条が適用される余地がありますので注意が必要です。

もっとも、無期雇用労働者間の待遇差という観点からではなく、現に存在する雇用形態を全部踏まえて、その待遇差も含めた各種の雇用形態をそれぞれ説明できるように準備しておくことは望ましいことです。そして、その一環として、雇用形態ごとの職務の内容や職務の内容及び配置の変更の範囲を確認・整理し、その上で必要があれば、その見直しを行うことは、雇用管理上、ひいては人事政策上、有益かつ重要なことであることは間違いありません。この観点から、ときに、正社員と限定正社員の待遇差の見直しも必要でしょう。

2　無期転換労働者と正社員との待遇差

では、無期雇用労働者が、限定正社員ではなく有期雇用労働者が労働契約法18条の無期転換申込権を行使した無期転換労働者であった場合はどうでしょうか。

問題意識としては、当該有期雇用労働者が無期転換申込権を行使せ

ず、有期雇用労働者のままであれば、正社員との待遇差について、パートタイム・有期雇用労働法の適用があって、同法8条に定める不合理な待遇差が禁止されるのに、無期転換申込権を行使した場合は、かかる救済がされないのかという点にあります。

　この点を検討する上で、もう一度、基本的なことを押さえておきます。無期転換労働者の労働条件は、別段の定めがない限り、転換前の有期労働契約と同一とされています（労契18①）。そして、多くの企業は、無期転換労働者の労働条件を、契約期間以外、有期雇用労働者当時と同じにしているようです。

　ところで、「別段の定め」が就業規則による場合は、その内容が合理的なものであることが必要で、就業規則の制定・改定と無期転換申込権の行使の前後関係によって、次のように考えられています。

　まず、無期転換労働者用の就業規則が制定・改定された後に無期転換申込権が行使された場合は、労働契約成立時の「合理性」（労契7）を要するに過ぎず、そのため、公序良俗違反に近いものでなければ、合理性を具備する。これに対し、無期転換申込権が行使された後に無期転換労働者用の就業規則が制定・改定された場合は、就業規則の変更時の「合理性」（労契9・10）を必要とするという解釈です。

　しかし、無期転換労働者の場合でいえば、当該労働者は純然たる新規採用ではありませんので、仮に、無期転換労働者用の就業規則が制定された後で、無期転換申込権が行使された場合であっても、当該就業規則には、労働契約法7条にいうゆるやかな合理性ではなく、労働契約法10条が定めるような厳格な合理性を必要とする解釈が十分成り立つと思います。そうしますと、無期転換労働者に適用される無期転換労働者用就業規則が契約期間以外、有期雇用労働者用就業規則と同じであった場合、有期雇用労働者用就業規則の一部が、不合理な待遇の禁止に抵触するとして無効であれば、その限りにおいて、無期転換労

働者用就業規則の一部も無効となると考えておくべきです。

　なお、期間の定めのある労働契約を締結していたパートタイム労働者が、労働契約法18条に基づく無期転換申込権を行使した場合のように、期間の定めのない労働契約となったとしても、パートタイム労働者に該当する場合があります。その場合には、パートタイム・有期雇用労働法8条及び9条が適用される余地がありますので注意が必要です。

3　無期転換労働者と有期雇用労働者の待遇差

　無期転換労働者と有期雇用労働者とが、契約期間以外、職務の内容も職務の内容及び配置の変更の範囲も同一ということであれば、有期雇用労働者は、無期転換労働者を比較対象者とした場合、均等待遇規定であるパートタイム・有期雇用労働法9条の適用要件（職務の内容が同一、職務の内容及び配置の変更の範囲が同一）を具備することになります。

　そうしますと、事業主は、有期雇用労働者から、無期転換労働者との均等待遇を求め、差額分の支払を求める損害賠償請求が提起されることが懸念されます。この点、無期転換労働者について、無期転換前後で賃金等も同じであれば、契約期間以外の待遇差自体がそもそも認められず、それを懸念する必要はありません。

　ところが、無期転換労働者の賃金を安易に引き上げるならば、パートタイム・有期雇用労働法9条の均等待遇規定に基づく、有期雇用労働者からの賃金差額分の損害賠償請求が可能となります。無期転換労働者となったことを理由に、賃金等の引上げを考えるのであれば、これに伴って職務の内容や職務の内容及び配置の変更の範囲についても、然るべき変更を加えておくべきです。

コラム13	井関松山製造所事件

　無期転換労働者と正社員との待遇差が問題となった事件として、井関松山製造所事件（高松高判令元・7・8労判1208・25）を挙げることができます。この事件では、賞与、家族手当、住宅手当及び精勤手当の支給の有無に関して不合理な労働条件の禁止を定める改正前労働契約法20条違反が認められるか否かが争点となりましたが、1審原告らは、1審判決後に、無期転換申込権を行使したため、会社は、無期転換後は少なくとも改正前労働契約法20条の適用はないと主張しました。これに対し、高松高裁は、「本件手当等の不支給を定めた本件無期転換就業規則は、1審原告らが無期転換する前に定められていることを考慮しても、当該定めについて合理的なものであることを要するところ（労働契約法7条参照）、①同規則は、前記説示のとおり、本件手当等の支給に関する限り、同規則制定前の有期契約労働者の労働条件と同一であること、また、②　1審被告が同規則の制定に当たって本件労働組合と交渉したことを認めるに足りる適切な証拠はなく、1審原告らが同規則に定める労働条件を受け入れたことを認めるに足りる証拠もないこと、そして、③　1審被告は、これらの事情にもかかわらず、上記不支給を定めた同規則の合理性について特段の立証をしないことからすると、同規則の制定のみをもって、1審被告が上記支払義務を負わないと解するべき根拠は認め難い。」と判断しています。労働契約法7条を挙げながら、同法10条に定める「合理性」を求めているように思われます。この高松高裁判決は、上告受理等されなかったため（最決令3・1・22判例集未登載）確定しています。

　なお、同判決は、家族手当、住宅手当及び精勤手当の不支給に関しては不合理な相違と判断しましたが、賞与については、次のような理由付けをもって、その不支給は改正前労働契約法20条に違反するとまでいえないと判断しています。納得のいく理由付けですので、参考のため、摘記しておきます。

① 　「賞与は、月例賃金とは別に支給される一時金であって、労務の対価の後払い、功労報酬、生活費の補助、労働者の意欲向上等といった多様な趣旨を含み得るものであるところ、1審被告における賞与も同

様の趣旨を含むものと推認され」る。

② 「賞与は、就業規則や労働契約において支給の定めを置かない限り、当然に支給されるものではないから、賞与を支給するか否かは使用者の経営及び人事施策上の裁量判断によるところ、このような賞与の性格を踏まえ、長期雇用を前提とする正社員（無期契約労働者）に対し賞与の支給を手厚くすることにより有為な人材の獲得・定着を図るという1審被告の主張する人事施策上の目的にも相応の合理性が認められることは否定し得ない」。

③ 「賞与の額につき少なくとも正社員個人（無期契約労働者）の業績（1審被告の業績に対する貢献）を中心として支給するものとまではいい難く、労務の対価の後払いの性格や上記のような人事施策上の目的を踏まえた従業員の意欲向上策等の性格を有していることがうかがわれるものといえる。」

④ 「無期契約労働者と有期契約労働者とでは、負うべき職務責任の範囲等も異なること、また、有期契約労働者についても一律に寸志を支給することとしており、更に組長以上の職制として昇進させる途を開いており、また、中途採用制度により、無期契約労働者と有期契約労働者との地位は常に固定しているものではなく、一定の流動性も認められることなど有期契約労働者に対する人事施策上の配慮をしていることも認められることからすると、有期契約労働者に対しては賞与ではなく、寸志の支給に代えるとした1審被告の経営判断には相応の合理性を認めることができる。」

ポイント17 手当の支給の不合理な待遇差を是正するには どのような方法があるか

　正社員と、パートタイム労働者や有期雇用労働者との間で、手当の支給の有無に違いがあり、その待遇差が不合理である場合には、それを是正する方法として、①両者いずれにも同額の手当を支給する、②両者いずれにも手当を支給するが、パートタイム労働者や有期雇用労働者の支給額を正社員よりも低くする、③正社員の手当を廃止し、両者いずれにも手当を支給しないという方法が考えられます。

　①は、待遇差が解消されるため問題ありませんが、②は両者の間の金額差が不合理な待遇差に当たらないかについて、手当の性質、職務の内容、職務の内容及び配置の変更の範囲、その他の事情から検討する必要があります。また、③については正社員の手当を廃止することが労働条件の不利益変更に当たるため、その対応が必要となります。

1　不合理な待遇差の是正方法

　正社員には、ある手当が支給されており、他方でパートタイム・有期雇用労働者には、その手当が支給されていない場合であって、その待遇差が不合理である場合には、それを是正する方法として、前述の3つの方法が考えられます。

　この3つの方法のうち、①は、正社員とパートタイム・有期雇用労働者のいずれにも同額の手当を支給することにより、その手当に関する両者の間の待遇差が解消されるため、人件費がかさむことを除けば、①の方法を実施することに問題は生じません。

　もっとも、②については、後述２のとおり、正社員とパートタイム・有期雇用労働者の手当の支給額に差があることが、依然として不合理な待遇差に当たらないかという問題があります。

　また、③については、後述３のとおり、正社員とパートタイム・有期雇用労働者のその手当に関する待遇差は是正されますが、他方で正社員の手当を廃止することが労働条件の不利益変更に当たるため、不利益変更のための対応が必要となります。

２　パートタイム・有期雇用労働者の手当支給額を正社員よりも低くすることの可否

　パートタイム・有期雇用労働者の手当支給額を正社員よりも低くする場合には、正社員とパートタイム・有期雇用労働者の手当の支給額に差があることが、依然として不合理な待遇差に当たらないかという問題が残ります。

　これが不合理な待遇差に当たるかどうかについては、手当の性質、職務の内容、職務の内容及び配置の変更の範囲、その他の事情から検討することとなります。

　ところで、同一労働同一賃金に関する7件の最高裁判決が出た後でも、未解決の問題が残されています。その中の重要な問題が手当や休暇の支給・付与の有無ではなく、支給額や付与内容に相違がある場合に、どのような基準を使って不合理性が判断されるかという点です。

①　まず、最高裁は、待遇の要素を分解して、割合的認定をすることには、消極的と思われます。「待遇の要素を分解して、割合的認定をする」というのは、例えば正社員賞与のうち、功労報償部分が何割を占めているかを解明し、パートタイム・有期雇用労働者にも、賞与の性質に応じて、均等・均衡を振り分けるという考え方です。ガイドラインの基本的発想に沿った見解といえます。

　しかし、メトロコマース事件最高裁判決（最判令2・10・13労判1229・90）の多数意見が反対意見（「契約社員Bに対し、正社員と同一の基準に基づいて算定した額の4分の1に相当する額を超えて退職金を支給しなくとも、不合理であるとまで評価することができるものとはいえないとした原審の判断をあえて破棄するには及ばない」との意見）に与しなかったことは、多数意見が司法の謙抑性を尊重し、待遇の要素を分解して割合的認定をすることにも、消極的立場をとっていると考えられます。

②　また、ハマキョウレックス事件最高裁判決（最判平30・6・1判時2390・96）では、正社員月額5,000円、契約社員月額3,000円の通勤手当の待遇差を不合理とし、差額月当たり2,000円の損害賠償を認めています。そうしますと、職務の内容や職務の内容及び配置の変更の範囲と結びつきのない手当（例えば、通勤手当、食事手当等）については、前提条件（ここにいう前提条件の内容については、 ポイント13 の1を参照してください。）が同じである以上、手当額に差がある場合、不合理だと判断されると考えるべきです。この点は、職務の内容や職務の内容及び配置の変更の範囲と直接に結びついている手当（例えば、役職手当、時間外労働手当の割増率等）についても同様で、前提条件（ここにいう前提条件の内容については、 ポイント12 の1を参照してください。）が同一である以上、やはり手当額に差があるときは、不合理性が認定されやすくなるでしょう。

③　そうしますと、残るは、職務の内容や職務の内容及び配置の変更の範囲と、直接ではないが何らかの結びつきがある、あるいは長期雇用と結びつきがあると思われる手当や休暇等についてです。この点参考になるのが、次の最高裁判決です。

　正社員が長期にわたり継続して勤務することが期待されることから、その生活保障を図り、私傷病の療養に専念させることを通じて、

その継続的な雇用を確保するという目的で支給される病気休暇につき、日本郵便（東京）事件最高裁判決（最判令2・10・15労判1229・58）は、相応に継続的な勤務が見込まれる時給制契約社員について「労働契約法20条所定の職務の内容や当該職務の内容及び配置の変更の範囲その他の事情につき相応の相違があること等を考慮しても、私傷病による病気休暇の日数につき相違を設けることはともかく、これを有給とするか無給とするかにつき労働条件の相違があることは、不合理であると評価することができるものといえる。」と判断しました。結論として、不合理性を認定しましたが、病気休暇の日数にだけ相違を設けた場合は、不合理と判断されない余地があったということです。

　かかる場合に、前述の抽象的基準はともかくとして、いかなる具体的な基準を使って、不合理性を判断するかについては、現時点では、未だ明確になっていないというしかありません。

3　正社員の手当を廃止することの可否

(1)　手当を廃止するための手続

　労働者の手当を廃止することは、労働条件の不利益変更に当たりますが、不利益変更を行う場合の方法としては、①労働者との個別同意（労契8）、②労働組合がある場合には労働協約の締結（労組16）、③就業規則の不利益変更（労契10）という方法が考えられます。

(2)　個別同意による手当の廃止

　労働者から個別同意を得ることができれば、手当を廃止することも可能です（労契8）。もっとも、賃金の不利益変更に対する労働者の同意の有無の判断については、不利益の内容及び程度、労働者が受け入れるに至った経緯及びその態様、労働者の受け入れに先立つ労働者への情報提供又は説明の内容等に照らして、労働者の自由な意思に基づい

てされたものと認めるに足りる合理的な理由が客観的に存在するか否かという観点からも、判断されるべきものとされています（山梨県民信用組合事件＝最判平28・2・19判時2313・119）。

　したがって、労働者の個別同意に基づき手当を廃止する場合には、労働者に対して十分に説明した上で、労働者の自由な意思に基づくものと評価されるような同意を得る必要があります。

　なお、就業規則に反する労働契約は無効となり（労契12）、また、労働協約に反する労働契約も無効となりますので（労組16）、前述のような個別同意が就業規則や労働協約に違反しないかを確認する必要があります。違反しているなら、就業規則や労働協約自体の改定も必要となります。

（3）　労働協約による手当の廃止

　労働条件を不利益に変更する労働協約についても、原則として、規範的効力（労働協約に反する労働契約の部分を無効とし、無効となった部分及び労働契約に定めがない部分を労働協約が直接定める効力のこと）が認められるとされており、例外として、労働協約締結の経緯、会社の経営状況、労働協約の基準の全体の合理性に照らして、特定又は一部の組合員を殊更に不利益に取り扱うことなどを目的とするなど、労働組合の目的を逸脱して締結された場合には、規範的効力が否定されるとされています（朝日火災海上保険〔石堂〕事件＝最判平9・3・27判時1607・131）。したがって、労働組合が存在する場合には、労働組合と交渉した上で、手当を廃止する旨の労働協約を締結することができれば、当該労働組合の組合員の個別同意を得なくても、当該組合員に対して、当該手当を支給しないとすることも可能といえます。

　もっとも、例えば、労働組合が、手当を廃止する旨の労働協約を締結するためには、労働組合の大会決議が必要であるにもかかわらず、当該決議がない場合等には、その手続違反をもって、当該労働協約の

効力が否定される可能性があります（中根製作所事件＝東京高判平12・7・26労判789・6）。また、労働条件を不利益に変更する労働協約について、その規範的効力が否定される例外に該当するか否かに関しては、労働組合内の意見集約・調整プロセスの公正さという観点から判断し、一部組合員に特に不利益な協約については、内容に著しい不合理性がないかどうかの判断を付け加えるべきとの見解も存在します（菅野和夫『労働法』931頁（弘文堂、第12版、2019））。したがって、事業主としては、労働組合が手続に違反していないか、前述のプロセスを経ているか否かを確認する必要があります。

　(4)　就業規則による手当の廃止

　労働者の一部の同意が得られない場合、労働組合が存在しない場合又は労働組合が存在する場合であっても、手当廃止について労働組合の理解を得られず、あるいは、理解を得られても、労働協約に拘束されない非組合員が存在する場合には、手当を廃止する旨の就業規則の変更を行うことが考えられます（労契10）。

　もっとも、労働条件を不利益に変更する就業規則の変更が認められるためには、労働者の受ける不利益の程度、労働条件変更の必要性、変更後の就業規則の内容の相当性、労働組合等との交渉の状況その他の就業規則の変更に係る事情に照らして合理的であることが必要です。この点、賃金のように労働者にとって重要な権利に関する不利益変更については、そのような不利益を労働者に法的に受忍させることを許容することができるだけの高度の必要性に基づいた合理的な内容であることが必要とされています（第四銀行事件＝最判平9・2・28判時1597・7)。また、ガイドラインでは、パートタイム・有期雇用労働法8条及び9条の趣旨からすれば、基本的に、労使で合意することなく通常の労働者の待遇を引き下げることは、望ましい対応とはいえないとされています（ガイドライン第2)。これらのことからすれば、就業規則を変更す

ることによって手当を廃止するという方法をとるのであれば、慎重な対応が必要となります。

そして、廃止する手当の種類（賃金性が強いものなのか、恩恵的給付か等）及びその額、事業主の経営状態、労働組合との交渉状況、労働者がどの程度同意しているのか等といった観点のみからすれば、単に手当を廃止するという変更では合理性が認められる可能性は、低いものと考えられます。そこで、合理性を認められるようにするためには、例えば、①賃金原資の総額を変えない（廃止する手当相当分を基本給や他の手当に組み入れる、手当を廃止するのではなく、手当の額を減額し、減額分を原資としてパートタイム労働者や有期雇用労働者に同様の手当を支給する等）、②経過措置をとる、③他の労働条件の改善とセットで行う等といった対応をする必要があるでしょう。

コラム14	九水運輸商事事件

　九水運輸商事事件（福岡高判平30・9・20労判1195・88）では、裁判所は、旧給与規程により通勤手当が正社員には月額1万円、パート社員には月額5,000円を支払われていたことについて、当該通勤手当の趣旨が通勤に要する交通費を補填するものであると認定し、さらには労働契約に期間の定めがあるか否かによって通勤に要する費用が異なるものではないこと、正社員とパート社員とで通勤に利用する交通手段に相違は認められないこと、パート社員の通勤時間や通勤経路が正社員よりも短いといった事情がうかがわれないこと等から、改正前労働契約法20条の不合理な労働条件の相違に当たると判断しました。

　ところで、同事件では、事業主が旧給与規程を改定し、正社員の通勤手当を5,000円減額すると同時に職能給を1万円増額したことが改正前労働契約法20条に違反するかどうかも問題となりました。つまり、パート社員側は、職能給1万円増額のうち5,000円は通勤手当減額の対価であるから、旧給与規程改定後も、正社員には通勤手当1万円の支給が存続していると主張したのです。これに対し、裁判所は、新賃金規程が職能給は社員の職務能力に応じ個別に決定する旨を定めており、正社員に支給されている職能給と通勤手当とは別個の賃金であるといえるから、前述の減額及び増額が同時にされたことやその変動額が対応していることをもって、直ちに職能給の一部が通勤手当に当たると認めることはできないと述べた上で、改正前労働契約法20条は、労働条件の相違が不合理と評価されるか否かを問題とするものであり、その解消のために無期契約労働者の通勤手当が減額されたとしても、改正前労働契約法20条には違反しないと判断しており、参考になります。

ポイント18　雇用形態別の就業規則を作成する必要性はあるか

> 　雇用形態別の就業規則を作成すべきです。
>
> 　例えば、正社員のほか、有期労働契約を締結している契約社員とパートタイム労働者といったように、3種類の雇用形態がある会社があるとします。しかし、就業規則は1つしか作っておらず、契約社員とパートタイム労働者については、その就業規則の中で、正社員にのみ適用を予定する規定につき、「この規定は契約社員等には適用しない」や「この規定については、こう読み替える」等と定めたとしましょう。この会社の就業規則は、雇用形態を問わず、正社員向けに作られた就業規則の各規定を契約社員等にも適用するのを原則としていると解さざるを得ません。就業規則の作成者は、契約社員等に適用されない規定は、その就業規則の中で除外する旨を明示しているので、問題ないと考えていたのかもしれません。しかし、不合理な待遇差の禁止でその除外規定が無効となった場合、就業規則の合理的意思解釈として、正社員向けの規定が契約社員等にも適用される可能性が十分考えられます。
>
> 　したがって、速やかに、雇用形態別の就業規則を作成すべきです。

1　雇用形態別の就業規則を作成しない場合のリスク

　雇用形態別の就業規則を作成しない場合には、大きなリスクがあります。そのことを、2つの有名な最高裁判例（ハマキョウレックス事件（最判平30・6・1判時2390・96）・長澤運輸事件（最判平30・6・1判時2389・107））

をもとに、説明します。

　賃金について、不合理な待遇差の禁止を定めるパートタイム・有期雇用労働法8条違反が認められる場合の救済方法としては、

①　正社員と同一の権利を有する地位にあることの確認と同法8条違反により無効となった部分は、正社員と同一の労働条件になるとして差額賃金を請求する方法

②　事業主が、同法8条違反の待遇を設定したことが不法行為になるとして差額賃金相当額の損害賠償を請求する方法

の2つが考えられます。

　(1)　ハマキョウレックス事件

　しかし、期間の定めがあることによる不合理な労働条件の禁止を定める改正前労働契約法20条違反が問題となったハマキョウレックス事件最高裁判決（最判平30・6・1判時2390・96）は、

「有期契約労働者について無期契約労働者との職務の内容等の違いに応じた均衡のとれた処遇を求める規定であり、文言上も、両者の労働条件の相違が同条に違反する場合に、当該有期契約労働者の労働条件が比較の対象である無期契約労働者の労働条件と同一のものとなる旨を定めていない。」

　また、

「正社員に適用される就業規則である本件正社員就業規則及び本件正社員給与規程と、契約社員に適用される就業規則である本件契約社員就業規則とが、別個独立のものとして作成されていること等にも鑑みれば、両者の労働条件の相違が同条に違反する場合に、本件正社員就業規則又は本件正社員給与規程の定めが契約社員である被上告人に適用されることとなると解することは、就業規則の合理的な解釈としても困難である。」

と判示しました。

　つまり、改正前労働契約法20条違反で有期契約労働者の労働条件が無効とされても、正社員就業規則とは別に、契約社員就業規則が作成されている以上、当然に当該無効部分に無期契約労働者の労働条件が補充されることはなく、上記①の方法はとり得ない旨が判断されたのです。

　(2)　長澤運輸事件

　一方、長澤運輸事件の第1審判決（東京地判平28・5・13判時2315・119）では、

「被告の正社員就業規則3条は、『この規則は、会社に在籍する全従業
　員に適用する。ただし、次に掲げる者については、規則の一部を適
　用しないことがある。』とし、規則の一部を適用しないことがある者
　として『嘱託者』を定めており、これを受けて、被告は、嘱託社員
　に適用される就業規則として『嘱託社員就業規則』を制定するとと
　もに、嘱託社員労働契約書に具体的な労働条件を記載していたこと
　が認められる。このとおり、被告の正社員就業規則が原則として全
　従業員に適用されるものとされており、嘱託者についてはその一部
　を適用しないことがあるというにとどまることからすれば、嘱託社
　員の労働条件のうち賃金の定めに関する部分が無効である場合に
　は、正社員就業規則の規定が原則として全従業員に適用される旨の
　同規則3条本文の定めに従い、嘱託社員の労働条件のうち無効であ
　る賃金の定めに関する部分については、これに対応する正社員就業
　規則その他の規定が適用されることになるものと解するのが相当で
　ある。」

として、本件有期労働契約の内容である賃金の定めは、これが無効であることの結果として、正社員の労働契約の内容である賃金の定めと同じものになると判断しました。

　しかし、長澤運輸事件最高裁判決（最判平30・6・1判時2389・107）は、ハマキョウレックス事件最高裁判決を参照とした上で、

「嘱託乗務員について、従業員規則とは別に嘱託社員規則を定め、嘱託乗務員の賃金に関する労働条件を、従業員規則に基づく賃金規定等ではなく、嘱託社員規則に基づく嘱託社員労働契約によって定めることとしている。そして、嘱託社員労働契約の内容となる本件再雇用者採用条件は、精勤手当について何ら定めておらず、嘱託乗務員に対する精勤手当の支給を予定していない。このような就業規則等の定めにも鑑みれば、嘱託乗務員である上告人らが精勤手当の支給を受けることのできる労働契約上の地位にあるものと解することは、就業規則の合理的な解釈としても困難である。」

と判断しています。

　長澤運輸事件最高裁判決に照らしても、就業規則や賃金規程等を合理的に解釈することで、労働契約上の規定を根拠に正社員と同一の権利を有する地位の確認請求や差額賃金の請求が可能である場合には、1の①の請求は認められる余地があるということです。

　長澤運輸事件最高裁判決では、正社員と嘱託社員で就業規則は別個独立のものとして作成・適用されていました。その上で、就業規則の合理的な解釈として、かかる地位確認や差額賃金請求を認めることは困難であると判示されました。

　他方で、正社員と契約社員・パートタイム労働者で、就業規則が別個独立に作成・適用されていない会社において、均衡待遇違反で除外規定が無効となるケースでは、就業規則の合理的意思解釈として、正社員向けの規定が契約社員等にも適用されることになる可能性は否定できないのです。

2　雇用形態別の就業規則作成の必要性

　実務では、正社員と契約社員等とで、同じ賃金規程を使っている場合や賃金規程は正社員にしかない場合も見かけます。後者の場合、賃金規程以外の就業規則を別個に作成しているなら、契約社員等向けの賃金規程がなくとも、契約社員等に、正社員向けの賃金規程が適用されるとは思いません。

　リスクを最小限のものとするためにも、無期転換労働者用の就業規則も含めて、就業規則は、雇用形態別に作成すべきです。これが労務管理の大原則です。

| コラム15 | 新型コロナウイルスとテレワーク |

　新型コロナウイルスは、開国を余儀なくした江戸時代の黒船のように、テレワークを一挙に推し進めるきっかけとなりました。テレワークの普及が後戻りすることはないでしょう。

　しかし、一方、気になる調査結果も出ています。例えば、IT大手のレノボが令和2年5月に実施した調査では、「在宅の方がオフィスより生産性が下がる」と答えた人が日本では40％もおり、他の主要国に比べ突出して多かったそうです。一方、アメリカは11％だったようです（以上は、日本経済新聞令和2年9月29日）。

　このような差異が生じた理由は、複数考えられますが、その1つとして、上司の指示も不明確で、部下も自立していない日本企業の弱点を挙げることができるでしょう。テレワークの普及によって、成果主義の導入が加速するでしょうが、他方、テレワークを阻害する我が国の厳格な時間管理ルールの修正や自立した労働者の育成などを、ウィズコロナは突き付けているように思います。

第3　説明義務

ポイント19　パートタイム・有期雇用労働者に対する説明
義務の概要は

　説明義務に関しては、パートタイム・有期雇用労働法14条1項
及び2項に定めがあります。
　まず、同法14条1項は、パートタイム・有期雇用労働者を雇い
入れたときは速やかに、同法の以下の規定により講ずべきとさ
れている措置の内容についての説明義務を事業主に課していま
す。
8条（不合理な待遇の禁止）
9条（差別的取扱いの禁止）
10条（賃金）
11条（教育訓練）
12条（福利厚生施設）
13条（通常の労働者への転換）
　次に、同法14条2項においては、パートタイム・有期雇用労働
者から求めがあったときの説明義務が定められており、説明の
対象は、1つは通常の労働者との間の待遇の相違の内容及び理
由であり、もう1つは、同法の以下の規定により措置を講ずべき
とされている事項に関する決定をするに当たって考慮した事項
となっています。
6条（労働条件に関する文書の交付等）
7条（就業規則の作成の手続）
8条（不合理な待遇の禁止）

9条（差別的取扱いの禁止）
10条（賃金）
11条（教育訓練）
12条（福利厚生施設）
13条（通常の労働者への転換）

1　納得させることまでは不要

　まず、説明義務の履行についてですが、パートタイム・有期雇用労働法14条の規定による説明によりパートタイム・有期雇用労働者が納得することまでは求められておらず、納得という結果が得られなくとも、同条の義務履行としては、足りると解されています（平31・1・30基発0130第1等第3　10(10)）。

2　パートタイム・有期雇用労働法14条1項の「措置の内容」についての説明義務

(1)　説明義務の対象

ア　説明義務の対象

　パートタイム・有期雇用労働法14条1項の説明義務の対象は、同法8条から13条までの規定により講ずべきこととされている措置の内容（労働基準法15条1項に規定する厚生労働省令で定める事項及び特定事項を除きます。）です。

　労働基準法15条1項に規定する厚生労働省令で定める事項及びパートタイム・有期雇用労働法6条1項の特定事項が除外されているのは、別途、文書の交付等による明示が義務付けられているからです。

イ　説明の際の資料

　前述の説明は、パートタイム・有期雇用労働者が、事業主が講ずる

雇用管理の改善等の措置の内容を理解することができるよう、資料を活用し、口頭により行うことが基本です。説明すべき事項を全て記載したパートタイム・有期雇用労働者が容易に理解できる内容の資料を用いる場合には、当該資料を交付する等の方法でも差し支えないとされています。資料を活用し、口頭により行う場合において、活用する資料としては、就業規則、賃金規程、通常の労働者の待遇の内容のみを記載した資料が考えられます。また、それをパートタイム・有期雇用労働者が的確に理解することができるようにするという観点から、説明に活用した資料をパートタイム・有期雇用労働者に交付することが可能な場合には、当該資料を交付することは望ましいことです。また、以上の説明方法に関する解説は、パートタイム・有期雇用労働法14条2項についても、そのまま妥当します（平31・1・30基発0130第1等第3 10(3)・(9)）。

　なお、有期雇用労働者については、労働契約の更新をもって「雇い入れ」ることとなるため、その都度この説明が必要となることには、注意を要します（平31・1・30基発0130第1等第3 10(3)）。

　(2)　説明内容

　説明内容は、次のとおりです（平31・1・30基発0130第1等第3 10(4)）。

①　パートタイム・有期雇用労働法8条については、雇い入れるパートタイム・有期雇用労働者の待遇について、通常の労働者の待遇との間で不合理な相違を設けていない旨を説明すること

②　同法9条については、雇い入れるパートタイム・有期雇用労働者が通常の労働者と同視すべきパートタイム・有期雇用労働者の要件に該当する場合、通常の労働者との差別的な取扱いをしない旨を説明すること

③　同法10条については、職務の内容、職務の成果等のうちどの要素を勘案した賃金制度となっているかを説明すること

④　同法11条については、パートタイム・有期雇用労働者に対してど
のような教育訓練が実施されるかを説明すること
⑤　同法12条については、パートタイム・有期雇用労働者がどのよう
な福利厚生施設を利用できるかを説明すること
⑥　同法13条については、どのような通常の労働者への転換推進措置
を実施しているかを説明すること
なお、実際の実践方法は、 ポイント20 で解説します。

3　パートタイム・有期雇用労働法14条2項の「待遇の相違の内
容及び理由」の説明義務
(1)　比較の対象となる通常の労働者
この点は、 ポイント6 に詳しく解説していますので、同ポイント
を参照してください。
(2)　待遇の相違の内容
事業主は、待遇の相違の内容として、次の①及び②に掲げる事項を
説明することを要します（平31・1・30基発0130第1等第3　10(7)）。
①　通常の労働者とパートタイム・有期雇用労働者との間の待遇に関
する基準の相違の有無
②　次の㋐又は㋑に掲げる事項
　㋐　通常の労働者及びパートタイム・有期雇用労働者の待遇の個別
　具体的な内容
　㋑　通常の労働者及びパートタイム・有期雇用労働者の待遇に関す
　る基準
(3)　待遇の相違の理由
事業主は、通常の労働者及びパートタイム・有期雇用労働者の職務
の内容、職務の内容及び配置の変更の範囲その他の事情のうち、待遇
の性質及び待遇を行う目的に照らして適切と認められるものに基づ

き、待遇の相違の理由を説明するものとされています（平31・1・30基発
0130第1等第3　10(7)）。

　なお、実際の実践方法は、ポイント21　から　ポイント23　で説明
します。

4　パートタイム・有期雇用労働法14条2項の「待遇の相違の内容及び理由以外の事項」の説明義務

　同法6条ないし13条の観点から、事業主が実施している各種制度等
がなぜそのような制度であるのか、又は事業主が実施している各種制
度等について説明を求めたパートタイム・有期雇用労働者にどのよう
な理由で適用され若しくは適用されていないかを説明する必要があり
ます。同法10条については、職務の内容、職務の成果等のうち、どの
要素を勘案しているか、なぜその要素を勘案しているか、また、当該
説明を求めたパートタイム・有期雇用労働者について当該要素をどの
ように勘案しているかを説明することが求められています。

　なお、前述の説明は、同項による説明義務に係る各条項の規定によ
り求められている措置の範囲内で足りるものですが、同法11条及び12
条に関し、通常の労働者についても実施していない又は利用させてい
ない場合には、講ずべき措置がないためであることを説明する必要が
あります（平31・1・30基発0130第1等第3　10(8)）。

　実際の実践方法は、ポイント24　で説明します。

5　不利益な取扱いの禁止

　パートタイム・有期雇用労働法14条3項は、事業主は、パートタイム・
有期雇用労働者が同条2項の求めをしたことを理由として、当該パー
トタイム・有期雇用労働者に対して解雇その他不利益な取扱いをする
ことを禁止していますので、注意が必要です。

コラム16	説明書面の交付

　ポイント21 から ポイント24 において、パートタイム・有期雇用労働法14条2項に定める説明義務の実践方法を説明しますが、その説明を読まれた皆様は、事前に、説明内容の要点を記載した書面を用意しておかないと、説明などとてもおぼつかないと思われることと思います。そうしますと、一層のこと、説明内容を記載した書面（以下「説明書面」といいます。）をあらかじめ作成しておき、これを交付することによって、説明義務を果たしたことにしようと考えられる方もおられるはずです。

　現に、施行通達には、「法第14条第2項に基づく説明は、短時間・有期雇用労働者がその内容を理解することができるよう、資料を活用し、口頭により行うことが基本であること。ただし、説明すべき事項を全て記載した短時間・有期雇用労働者が容易に理解できる内容の資料を用いる場合には、当該資料を交付する等の方法でも差し支えないこと（短時間・有期雇用労働指針第3の2(4)）。」と記述されています（平31・1・30基発0130第1等第3 10(9)）。

　そこで、コラム16では、説明書面交付をもって説明義務の履行とすべきか否かを検討してみます。

　まず、説明書面交付のメリットとしては、①説明時間の短縮、②説明者が変わっても同じ内容を正確に説明できる、③時間が経っても同じ説明を再現できるといった点を挙げることができます。これに対し、デメリットとしては、④説明内容を事業主自ら証拠化して、労働者に渡すことになる、⑤交付した書面は、裁判等で証拠として使われるだけでなく、SNS等で広く世間に拡散する危険性がある点を挙げることができるでしょう。

　説明書の交付にはこのようなメリット・デメリットがありますが、デメリットのうち④については、説明書面を交付せずとも、説明の際、説明内容が隠し録音されると同じ問題が生じます。

　しかし、それでも、執筆者は、現時点では、説明内容を全部記載した説明書面の交付は控えておくべきと考えます。事業主作成の説明書面が

SNS等で拡散する危険性が看過できないと考えるからです。A社では、待遇格差について、このような説明を受けたとSNS等に書き込まれるのと、当該説明書面自体がSNS等に載せられて拡散されるのとでは、これを見た者が受けるインパクトに大きな差があります。

ポイント20　パートタイム・有期雇用労働法14条1項に定める説明義務の履行方法は

> パートタイム・有期雇用労働者を雇用する際（契約を更新する場合も同様です。）、労働条件を記載した文書を交付する必要があります。
>
> そこで、その労働条件通知書に、パートタイム・有期雇用労働法14条1項に基づいて説明しなければならない内容も記載し、それによって、当該説明義務を履行されることをお勧めします。
>
> なお、その労働条件通知書を交付する際、本人が当該労働条件通知書の交付と記載内容の説明を受けたことを後で証明するため、その通知書の写しに、本人の署名をもらっておかれたらよいと思います。

1　労働条件の明示

　労働基準法15条1項は、使用者に対し、労働契約の締結に際し、所定の労働条件を明示することを求め、パートタイム・有期雇用労働法6条1項は、事業主に対し、労働者を雇い入れたときに、労働基準法が明示を求める労働条件以外の特定の労働条件の明示を求めています。しかも、明示方法についても指定があります。このように、2つの法律の求める明示の履行時期に違いがありますが、実務的には、労働基準法15条1項に基づく明示の履行の際に、文書の交付による明示を求められている事項を全てまとめて書面にし、これを交付するのが簡便です（平31・1・30基発0130第1等第3　1(13)）。

2　労働基準法15条1項

　労働基準法15条1項及び同施行規則5条1項は、労働契約の締結に際

して、使用者は労働者に、次の項目の労働条件を明示しなければならないと定めています。具体的には、①労働契約の期間、②有期労働契約の更新の基準、③就業の場所、従事する業務の内容、④労働時間に関する具体的な条件（始業・終業時刻、所定労働時間を超える労働の有無、休憩時間、休日、休暇、交替制で勤務させる場合の就業時転換に関する事項）、⑤賃金の決定、計算・支払の方法、賃金の締切りと支払の時期並びに昇給に関する事項、⑥退職に関する事項（解雇の事由を含みます。）、⑦退職手当の定めをする場合、㋐適用される労働者の範囲、㋑退職手当の決定、計算・支払の方法、㋒退職手当の支払の時期、⑧臨時に支払われる賃金、賞与、最低賃金額を定める場合は、これに関する事項、⑨労働者に食費、作業用品その他の負担をさせる場合は、これに関する事項、⑩安全・衛生に関する定めをする場合は、これに関する事項、⑪職業訓練に関する定めをする場合は、これに関する事項、⑫災害補償、業務外の傷病扶助に関する定めをする場合は、これに関する事項、⑬表彰・制裁の定めをする場合は、これに関する事項、⑭休職に関する定めをする場合は、これに関する事項です。そのうち、書面の交付等が求められているのが、①から⑥まで（昇給に関する事項を除きます。）についてです（労基則5③④）。

3　パートタイム・有期雇用労働法6条1項

　パートタイム・有期雇用労働者に対する労働条件は、通常の労働者とは別に、かつ、個々の事情に応じて多様に設定されることが多いことから、雇入れ後に疑義が生じやすくなっています。そのため、パートタイム・有期雇用労働法6条1項は、労働基準法15条1項に規定する厚生労働省令で定める事項以外のもののうち、特にパートタイム・有期雇用労働者にとって重要な事項であるものを同施行規則2条1項で特定事項として定め、事業主が文書の交付等により明示しなければならないものとし、それ以外の事項はパートタイム・有期雇用労働法6条2項

において文書の交付等の努力義務を課しました。

　ちなみに、特定事項は、㋐昇給の有無、㋑退職手当の有無、㋒賞与の有無、㋓パートタイム・有期雇用労働者の雇用管理の改善等に関する事項に係る相談窓口です。

　また、㋐から㋓までの明示事項が、労働基準法15条1項に基づく明示により、又は就業規則を交付することにより明らかにされている場合には、当該措置で足りますので（平31・1・30基発0130第1等第3　1(13)）、別途文書を交付する必要はありませんが、紛争防止の観点からは、就業規則の交付による場合は、別途文書を作成しておくのが望ましいでしょう。

4　明示方法

　パートタイム・有期雇用労働法施行規則2条3項によれば、パートタイム・有期雇用労働者が希望した場合、文書の交付でなく、ファクシミリや電子メールでも構わないものとされています。この点は、労働基準法15条1項及び労働基準法施行規則5条4項も同じです。

　なお、文書の交付等は義務であり、これに違反した場合には、労働基準法120条1項には、30万円以下の罰金に処するとの罰則規定が置かれており、パートタイム・有期雇用労働法31条には、10万円以下の過料に処するとの規定が置かれています。また、パートタイム・有期雇用労働法18条には、同法6条1項違反の場合、都道府県労働局長による報告の徴収又は助言・指導・勧告が行われ、勧告を行っても履行されない場合には、公表の対象になる旨が定められています。

5　パートタイム・有期雇用労働法14条1項

　パートタイム・有期雇用労働法14条1項は、次のとおり定めています。

> 事業主は、短時間・有期雇用労働者を雇い入れたときは、速やかに、第8条から前条までの規定により措置を講ずべきこととされている事項（労働基準法第15条第1項に規定する厚生労働省令で定める事項及び特定事項を除く。）に関し講ずることとしている措置の内容について、当該短時間・有期雇用労働者に説明しなければならない。

なお、前述規定の概要については、 ポイント19 の2で説明していますので、それを参照してください。

ここでは、厚生労働省の有期雇用型の労働条件通知書のモデル様式の末尾に、パートタイム・有期雇用労働法14条1項の説明文を入れ込んだものを本項目の末尾に掲げます。もちろん、厚生労働省の有期雇用型の労働条件通知書のモデル様式には、労働基準法が文書交付等を求める前述2の①から⑥まで（昇給に関する事項を除きます。）の労働条件とパートタイム・有期雇用労働法6条1項が文書交付等を求める前述3の⑦から㋓（ただし、㋓については、短時間労働者用では書き込める様式となっていますが、一般労働者用（有期雇用型）ではモデル様式に挿入する作業が遅れているようです。早晩、挿入されるようですが、現在のところは、「その他」の欄に、短時間労働者用の様式を参考に別途入れる必要があります。書式の「労働条件通知書」には、挿入しています。）までの労働条件が書き込めるような様式となっています。

6 労働条件通知書作成上の注意点

労働条件通知書の記載要領は、厚生労働省ホームページの前述の様式の後ろにありますので、参照してください。

ところで、有期雇用労働者については、労働契約の更新の際も「雇い入れ」ることとなるため、その都度パートタイム・有期雇用労働法6条1項の明示と同法14条1項の説明が必要となることに留意が必要です。

　次に、パートタイム・有期雇用労働法6条1項に基づいて明示すべき労働条件ですが、そのうち「昇給」は、1つの契約期間の中での賃金の増額を指すものなので、有期労働契約の契約更新時の賃金改定は、「昇給」には当たりません。また、「賃金改定（増額）：有」の記載だと明示義務は果たされますが、「賃金改定：有」の記載だと、その「賃金改定」が「昇給」といえるかが明らかではないので、明示義務が果たされたことにならないことに注意を要します（平31・1・30基発0130第1等第3　1(5)）。

　加えて、昇給及び賞与が業績等に基づき実施・支給されない可能性がある場合や、退職手当が勤続年数等に基づき支給されない可能性がある場合には、制度としては「有」と明示しつつ、併せて、昇給及び賞与が業績等に基づき実施されない又は支給されない可能性がある旨や、退職手当が勤続年数等に基づき支給されない可能性がある旨を明示すべきことも忘れてはなりません（平31・1・30基発0130第1等第3　1(4)）。

| 書　式 | 労働条件通知書 |

（一般労働者用：常用、有期雇用型）

労働条件通知書

		年　　月　　日
＿＿＿＿＿＿殿		
	事業場名称・所在地	
	使用者職氏名	

退職に関する事項	1　定年制（　有（　　歳）、　　無　　） 2　継続雇用制度（　有（　歳まで）　、　無　） 3　自己都合退職の手続（退職する　　日以上前に届け出ること） 4　解雇の事由及び手続 （　　　　　　　　　　　　　　　　　　　　） ○詳細は、就業規則第　条～第　条、第　条～第　条
その他	・社会保険の加入状況（厚生年金　健康保険　厚生年金基金　その他（　　）） ・雇用保険の適用（　有　、　無　） ・雇用管理の改善等に関する事項に係る相談窓口 　部署名　　担当者職氏名　　　（連絡先　　　） ・その他（　　　　　　　　　　　　　　　　） ※以下は、「契約期間」について「期間の定めあり」とした場合についての説明です。 　労働契約法第18条の規定により、有期労働契約（平成25年4月1日以降に開始するもの）の契約期間が通算5年を超える場合には、労働契約の期間の末日までに労働者から申込みをすることにより、当該労働契約の期間の末日の翌日から期間の定めのない労働

契約に転換されます。ただし、有期雇用特別措置法
による特例の対象となる場合は、この「5年」という
期間は、本通知書の「契約期間」欄に明示したとお
りとなります。

短時間労働者及び有期雇用労働者の雇用管理の改善等に関する法律
（以下「パートタイム・有期雇用労働法」といいます。）14条1項に基づ
く説明

① 　パートタイム・有期雇用労働法8条について—当社においては、雇い
入れるパートタイム・有期雇用労働者に基本給、賞与その他の待遇の
それぞれについて、当該待遇に対応する通常の労働者の待遇との間に
おいて、パートタイム・有期雇用労働者及び通常の労働者の業務の内
容及び当該業務に伴う責任の程度（職務の内容）、当該職務の内容及び
配置の変更の範囲その他の事情のうち、当該待遇の性質及び当該待遇
を行う目的に照らして適切と認められるものを考慮して、不合理と認
められる相違を設けません。
② 　同法9条について—当社において雇い入れるパートタイム・有期雇
用労働者が通常の労働者と同視すべき要件に該当する場合、パートタ
イム・有期雇用労働者であることを理由として、基本給、賞与その他
の待遇のそれぞれについて、差別的取扱いをしません。
③ 　同法10条について—当社においては、パートタイム・有期雇用労働
者の賃金について日給制の職務給を採用しております。職務給と申し
ますのは、職務そのものの難易度、責任の度合いなどを評価し、職務
によって賃金を決める方式です。賃金を決めるに当たっては、そのよ
うな業務を担当してもらう場合の地域の賃金相場も勘案しておりま
す。
④ 　同法11条について—当社では、契約社員の皆様には○○○及び△△
△の、パートタイム労働者の皆様には□□□の教育訓練を実施してお
ります。
⑤ 　同法12条について—パートタイム・有期雇用労働者には、休憩室、
更衣室及び更衣室内のロッカーを利用いただけます。なお、当社には、
給食施設はありません。

⑥　同法13条について－正社員の募集を行う場合は、その旨を事業所の掲示板に掲示しますが、それ以外にも正社員登用制度が設けられております。その受験資格等については、契約社員就業規則○条及びパートタイム労働者就業規則○条をご覧ください。

上記労働条件通知書の交付を受け、かつ、その説明を受けました。
　　　　　　　　　　年　　　月　　　日
　　　　　　　　　　　　　署名

※以上のほかは、当社就業規則による。

(注)　「その他」欄までの労働条件通知書の全文については、厚生労働省ホームページをご覧ください。

(厚生労働省ホームページ「労働条件通知書」https://www.mhlw.go.jp/seisa-kunitsuite/bunya/koyou_roudou/roudoukijun/keiyaku/kaisei/dl/youshiki_01a.pdf（2021.02.03）を参考に加工)

ポイント21　待遇の相違の内容及びその理由の説明義務を
　　　　　　定めるパートタイム・有期雇用労働法14条2項
　　　　　　の詳しい内容は

> 　事業主が待遇の相違の内容やその理由の説明を行うに当たっ
> ての留意点は、以下の3点です。
> ①　説明に当たって比較する通常の労働者は誰か
> ②　待遇の相違の内容及び理由として、何を説明するか
> ③　パートタイム・有期雇用労働者に説明する際の説明の仕方

1　パートタイム・有期雇用労働法14条2項

（1）　条　文

> 　事業主は、その雇用する短時間・有期雇用労働者から求めがあったと
> きは、当該短時間・有期雇用労働者と通常の労働者との間の待遇の相違
> の内容及び理由並びに第6条から前条までの規定により措置を講ずべき
> こととされている事項に関する決定をするに当たって考慮した事項につ
> いて、当該短時間・有期雇用労働者に説明しなければならない。

　要するに、同条項は、パートタイム・有期雇用労働者から求めがあ
ったときは、事業主に対し、①通常の労働者との間の待遇の相違の内
容及び理由と②同法6条から13条までの規定により措置を講ずべきこ
ととされている事項に関する決定をするに当たって考慮した事項の2
つの説明義務を課しています。ここでは①を取り上げて解説し、②に
ついては ポイント24 で解説します。

（2）　施行通達等

　「短時間労働者及び有期雇用労働者の雇用管理の改善等に関する法

律の施行について」（平31・1・30基発0130第1等第3　10(6)・(7)）及び「事
業主が講ずべき短時間労働者及び有期雇用労働者の雇用管理の改善等
に関する措置等についての指針」（平19・10・1厚労告326）は、「比較の対
象となる通常の労働者」及び「待遇の相違の内容及び理由」等の詳し
い説明を行っています。

　説明義務の履行に当たっては、前述の施行通達等をよく理解した上
で、これに臨む必要があります。その要点は、厚生労働省の「不合理
な待遇差解消のための点検・検討マニュアル（業界共通編）」に記載さ
れていますので、以下そのマニュアル（ただし、マニュアルがガイド
ラインに引きずられすぎている点には注意を要します。）を引用しな
がら、同法14条2項で求められる説明義務の履行方法を解説します。

　(3)　比較する「通常の労働者」は誰か

　パートタイム・有期雇用労働法では、全ての通常の労働者との間で
不合理な待遇差の解消が求められますが、待遇の相違の内容及び理由
についての説明に当たっては、事業主の選定する職務の内容等が「最
も近い」通常の労働者が比較対象になります。次の図表で説明の比較
対象とする通常の労働者を選定する際の基本となる考え方を整理しま
す。なお、　ポイント6　の解説も参照してください。

【図表】待遇差の説明に当たって比較対象とする「通常の労働者」選
　　　　定の基本となる考え方

待遇差の説明にあたって、事業主が比較対象とする通常の労働者選定の基本となる考え方	職務の内容		職務の内容・配置の変更の範囲
	業務の内容	責任の程度	
「職務の内容」及び「職務の内容・配置の変更の範囲」が同一	同一	同一	同一
いない場合			
「職務の内容」は同一であるが、「職務の内容・配置の変更の範囲」は異なる	同一	同一	異なる
いない場合			
「職務の内容」のうち、「業務の内容」又は「責任の程度」のいずれかが同一	同一	異なる	同一／異なる
	異なる	同一	
いない場合			
「業務の内容」及び「責任の程度」がいずれも異なるが、「職務の内容・配置の変更の範囲」が同一	異なる	異なる	同一
いない場合			
「業務の内容」、「責任の程度」、「職務の内容・配置の変更の範囲」がいずれも異なる　※「職務の内容」が最も近いと考えられる通常の労働者を選定すれば良いでしょう	異なる	異なる	異なる

（出典：厚生労働省ホームページ「不合理な待遇差解消のための点検・検討マニュアル（業界共通編）」https: //www .mhlw .go .jp /content /11909000 / 000494537.pdf（2021.02.03））

（4）　待遇の相違の内容及び理由として何を説明するか

　「待遇の相違の内容」としては、①通常の労働者とパートタイム・有期雇用労働者とで待遇の決定基準の相違があるかどうか、②通常の労働者とパートタイム・有期雇用労働者の待遇の個別具体的な内容又は待遇の決定基準を説明する必要があります。

　また、「待遇の相違の理由」としては、職務の内容、職務の内容及び配置の変更の範囲、その他の事情のうち、待遇の性質及び待遇を行う目的に照らして適切と認められるものに基づき客観的、具体的に説明する必要があります。

以下では、その具体的な例を説明します。

≪「待遇の相違の内容」の説明の例≫

【待遇の個別具体的な内容】

・基本給の平均額又はモデル基本給額を説明
・手当の標準的な内容又は最も高い水準・最も低い水準の内容を説明

【待遇の決定基準】

・賃金テーブル等の支給基準を説明

(注)　「賃金は、各人の能力、経験等を考慮して総合的に決定する」等の説明では十分ではありません。

≪「待遇の相違の理由」の説明≫

【待遇の決定基準が同一である場合】

・同一の決定基準のもとで違いが生じている理由（成果、能力、経験の違いなど）を説明

(注)　例えば、能力に基づいて基本給を決定している場合には、能力レベルが異なるために基本給の額の差が発生することを説明

【待遇の決定基準が異なる場合】

・待遇の性質・目的を踏まえた決定基準に違いを設けている理由（職務の内容、職務の内容及び配置の変更の範囲の違い、労使交渉の経緯など）を説明
・それぞれの決定基準を通常の労働者、パートタイム・有期雇用労働者にどのように適用しているかを説明

(5)　説明の仕方

説明に当たっては、パートタイム・有期雇用労働者が説明内容を理

解することができるよう、資料を用いて、口頭で説明することが基本
です。この場合の資料としては、就業規則、賃金規程、通常の労働者
の待遇の内容を記載した資料等が考えられます。この他、説明すべき
事項を全て分かりやすく記載した文書を作成した場合は、当該文書を
交付する等の方法でも差し支えありません（ただし、コラム16参照）。
なお、説明資料を新たに作成する場合には、厚生労働省が示している
次の「説明書モデル様式」も参考にしてください。

【図表】説明書モデル様式

【第14条第2項の説明書の例】		○年○月○日

○○　○○ 殿　　　事業所名称・代表者職氏名　○○百貨店
　　　　　　　　　　　　　　　　　　　　　　　　　　△△　△△

あなたと正社員との待遇の違いの有無と内容、
理由は以下のとおりです。
ご不明な点は「相談窓口」の担当者までおたずねください。

1　比較対象となる正社員

　販売部門の正社員（おおむね勤続3年までの者）

比較対象となる正社員の選定理由

　職務の内容が同一である正社員はいないが、同じ販売部門の業務を担当している正社員
で、業務の内容が近い者は、おおむね勤続3年までの者であるため。

2　待遇の違いの有無とその内容、理由

基本給

正社員との待遇の違いの有無と、ある場合その内容　　（ある）　ない

　アルバイト社員は時給1100円、比較対象となる正社員は、売上目標の達成状況
に応じて1100円〜1400円（時給換算）です。

待遇の違いがある理由

　正社員には月間の売上目標があり、会社の示したシフトで勤務しますが、アル
バイト社員は売上目標がなく、希望に沿ったシフトで勤務できるといった違
いがあるため、正社員には重い責任を踏まえた支給額としています。

賞与

待遇の目的

　社員の貢献度に応じて会社の利益を配分するために支給します。

正社員との待遇の違いの有無と、ある場合その内容　　（ある）　ない

　アルバイト社員は店舗全体の売上に応じて一律に支給（ww円〜xx円）してい
ます。正社員については目標管理に基づく人事評価の結果に応じて、基本給
の0か月〜4か月（最大zz円）を支給しています。

待遇の違いがある理由

　アルバイト社員には売上目標がないので、店舗全体の売り上げが一定額以上
を超えた場合、一律に支給しています。正社員には売上目標を課しているた
め、その責任の重さを踏まえて、目標の達成状況に応じた支給とし、アルバイ
ト社員よりも支給額が多くなる場合があります。

通勤手当

待遇の目的

　通勤に必要な費用を補填するものです。

正社員との待遇の違いの有無と、ある場合その内容　　ある　（ない）

　正社員、アルバイト社員ともに交通費の実費相当分（全額）を支給しています。

待遇の違いがある理由

（出典：厚生労働省ホームページ「不合理な待遇差解消のための点検・検討マニュアル（業界共通編）」https://www.mhlw.go.jp/content/11909000/000494539.pdf（2021.02.03））

2　ケーススタディ

　ポイント21 から ポイント24 において、次の会社を例にとって、説明義務の内容を具体的に解説します。

　(1)　会社の概要

会社　　株式会社○×機械

業種　　金属機器のメーカー（製造業）

資本金　2億円

本社　　大阪市

労働者数

　大阪本社　約50名（正社員、限定正社員、無期転換労働者（パートタイム）及びパートタイム労働者を含みます。）

　東京支店・金沢支店　各約20名（同上）

　姫路工場　約100名（正社員、限定正社員、無期転換労働者（フルタイム、パートタイム）、契約社員及びパートタイム労働者を含みます。）

　金沢工場　約60名（同上）

---

　(2)　雇用形態

　株式会社○×機械の労働者としては、雇用形態別で、正社員、限定正社員（職種・職務限定、勤務場所限定、勤務時間限定で、無期転換労働者からのみ登用）、無期転換労働者（フルタイムとパートタイム）、契約社員（有期のフルタイム）及びパートタイム労働者（有期）がいます。契約社員は全て工場の現場作業者、パートタイム労働者は全て事務従事者です。

　ちなみに、契約社員及びパートタイム労働者とも、職種・職務、勤務場所が限定されています。また、パートタイム労働者については、勤務時間も限定されています。正社員と契約社員では、担当する業務が同じでも、製造機械のトラブル発生時やユーザーからクレームが寄せられた場合などの臨時・緊急時に、正社員はこれらに対応することが求められていますが、契約社員は、機械を止める・正社員を呼ぶ・

正社員の対応を待つことが求められているにすぎません。パートタイム労働者についても同様です。

（3）改定前の賃金

改定前の賃金は次のとおりです。

待遇		正社員	無期転換労働者（フルタイム）	契約社員	パートタイム労働者
基本給		月給	日給	日給	時給
賞与		あり	寸志	寸志	なし
退職金		あり	なし	なし	なし
手当	フォークリフト手当	あり	なし	なし	——
	夜勤手当	あり	なし	なし	——
	皆勤手当	あり	なし	なし	なし
	時間外労働手当の割増率	3割増し	2割5分増し	2割5分増し	——
	通勤手当	実費	実費（上限7,000円）	実費（上限7,000円）	実費（上限5,000円）
	食事手当	あり	なし	なし	なし
	物価手当	あり（一律2万円）	なし	なし	なし
	住宅手当	あり	なし	なし	なし
	家族手当	あり（世帯主要件あり・配偶者1万円、子供1人当たり	なし	なし	なし

		5,000円・ただし2人まで）			
福利厚生	慶弔休暇	あり	なし	なし	なし
	病気休職	あり	なし	なし	なし
	法定外年休	あり	なし	なし	なし
	年始休暇	あり	なし	なし	なし

(4)　無期転換労働者の労働条件

無期転換労働者の労働条件は、契約期間以外、原則として、契約社員又はパートタイム労働者当時と変わりません。

(5)　パートタイム・有期雇用労働法の適用時期

株式会社○×機械は、中小企業に該当するので、令和3年（2021年）4月1日からの適用となります。

(6)　会社の方針

ア　賃金関係

同一労働同一賃金に関する一連の最高裁判決を踏まえて、賃金については、次表のとおり改定を行います。ただし、基本給、退職金、フォークリフト手当、夜勤手当、物価手当、病気休職及び法定外年休については、現状のままとします。

なお、正社員に一律支給していた住宅手当1万円は、これを廃止しますが、一方で、令和3年4月分からの正社員の基本給を最低でも月額1万2,000円賃上げすることを予定しています。

待遇	正社員	無期転換労働者（フルタイム）	契約社員	パートタイム労働者
賞与	あり（1人平均、半期で約50万円）	あり（1人平均、半期で約10万円）	あり（同左）	なし

手当	皆勤手当	あり	あり	あり	なし
	時間外労働手当の割増率	3割増し	3割増し	3割増し	（時間外労働をすることがない）
	通勤手当	実費	実費	実費	実費（上限5,000円）
	食事手当	あり	あり	あり	あり
	住宅手当	廃止	なし	なし	なし
	家族手当	あり（世帯主要件維持・配偶者分廃止、子供1人当たり5,000円→8,000円に引き上げ。ただし3人まで）	あり	あり	あり
福利厚生	慶弔休暇	あり	あり	あり	あり
	年始休暇	あり	あり	あり	（年始に出勤することがない）

　イ　転　勤

　現在、事務系の正社員については、転勤を伴う異動があります。他方で、現場作業系の正社員については、転勤の規定がありますが、その異動がありません。今後は、実態上の運用も、規定に合わせていきます。

　ウ　正社員登用

　正社員登用制度は、限定正社員と無期転換労働者にのみ設けていま

したが、契約社員及びパートタイム労働者に対しても設け、契約社員
から、又は、パートタイム労働者から、直接に正社員となれるように
します。

　エ　明確化・規定化
①　パートタイム・有期雇用労働法の施行を前に、職務の内容、職務
　の内容及び配置の変更の範囲の区別の明確化・規定化を実行に移し
　ます。
②　基本給、賞与及び退職金については、その決定基準・ルールの明
　確化を図り、正社員と無期転換労働者、契約社員及びパートタイム
　労働者とでは、その決定基準・ルールが異なることを明らかにしま
　す。
　以上の方針が実行に移され、令和3年2月までに実施済みです。その
ような会社で、契約社員やパートタイム労働者から説明を求められた
場合、会社担当者は説明義務を規定したパートタイム・有期雇用労働
法14条2項の条文にそって、どのような説明を行うべきかについて解
説します。

3　具体的説明内容

　(1)　求められた説明と比較対象者
　株式会社○×機械姫路工場に所属する契約社員（有期・現場作業者・
入社4年目で配偶者と子供1名あり）であるＡさんが、工場長に対し、
①正社員の基本給、②賞与、③退職金、④フォークリフト手当、⑤夜
勤手当、⑥物価手当、⑦病気休職及び⑧法定外年休に関する待遇の相
違の内容及び理由について説明を求めてきました。
　(2)　比較対象となる通常の労働者
　ポイント22 、 ポイント23 で解説するところが、事業主の具体的

　説明内容ですが、説明する上で、比較対象となる通常の労働者を、事業主において選ばなければなりません。

　比較の対象となる正社員（通常の労働者）は、施行通達（平31・1・30基発0130第1号等第3　10(6)・(7)）によれば、有期契約社員Ａさんと「職務の内容、職務の内容及び配置の変更の範囲等」が「最も近い」と事業主が判断する通常の労働者を指します。

　そこで、事業主は前述①から③までの基本給、賞与及び退職金につき、姫路工場でＡさんと同じ職場（「班」単位）で働く正社員である、Ｂ・Ｃ及びＤの3名を「通常の労働者」と判断しました。いずれも入社歴3年超、5年未満の者です。

　次に、前述④のフォークリフト手当については、入社歴に関係なく姫路工場で働く現場作業者である正社員のうち、フォークリフト運転に従事し、過去4年以内にフォークリフト手当の支給を受けたことのあるＥ・Ｍ及びＮの3名を、「通常の労働者」と判断しました。

　次に、前述⑤の夜勤手当、⑥の物価手当、⑦の病気休職及び⑧の法定外年休については、姫路工場で働く正社員のうち、同じ職場（「班」単位）で働くＢ〜Ｌの11名を「通常の労働者」と判断しました。

　ところで、施行通達（平31・1・30基発0130第1号等第3　10(6)・(7)）によれば、「比較対象として選定した通常の労働者及びその選定の理由についても、説明を求めた短時間・有期雇用労働者に説明する必要がある」としていますので、注意を要します。

　そこで、前述の比較対象者を選んだ理由を、次に述べます。

　まず、姫路工場にも、姫路工場以外でも契約社員であるＡさんと、「職務の内容」及び「職務の内容・配置の変更の範囲」（以下「人材の活用の仕組み・運用等」といいます。）が同じ正社員はいません。また、姫路工

場の中で「業務の内容」を同じくする正社員もいません（正社員と契約
社員とで、「職務の内容」及び「人材活用の仕組み・運用等」が異なるこ
とについては、前記2(2)において、詳しく説明しているとおりです。）。
そこで、「職務の内容」や「人材活用の仕組み・運用等」は異なるが、同
じ職場の正社員の中から比較対象となる通常の労働者を選びました。B
～Dを選んだ理由は、基本給・賞与及び退職金と結びつきのある経験年
数を同じくする正社員であるからであり、E、M及びNを選んだ理由は、
Aさんが問題とするフォークリフト手当を過去4年以内に受給したこと
がある正社員であるからです。また、B～Lを選んだ理由は、職場の全
正社員が夜勤手当、物価手当、病気休職及び法定外年休を取得する権利
を有する者だからです。

ポイント22　基本給、賞与及び退職金についての待遇の相違の内容及び理由の説明の実際は

　説明内容のポイントは次のとおりです。

　特に、通常の労働者とパートタイム・有期雇用労働者との待遇の相違の理由として、①から③までの内容を盛り込むことが肝要です。

①　職務の内容並びに職務の内容及び配置の変更の範囲が異なっていること

②　基本給・賞与・退職金の決定基準・ルールが相違していることとその理由

③　②の理由の主たるものとして、正社員には、有為な人材の獲得・定着という視点があること

④　また、賞与・退職金については、その性質・目的を明らかにし、その性質・目的が、パートタイム・有期雇用労働者には妥当しないことも明らかとしておくとよいでしょう。

⑤　加えて、パートタイム・有期雇用労働者には、正社員登用の途が用意されていることに触れることも有益です。

⑥　なお、パートタイム・有期雇用労働法14条2項の説明義務の履行に当たって、共通するところですが、主観的・抽象的な説明ではなく、具体的な説明を行うことを心掛けることが重要です。

1　基本給、賞与及び退職金のうち、賞与の支給の有無・支給額を変更した理由

　ポイント21　で紹介した会社を例にとって、具体的に解説します。

　株式会社○×機械では、パートタイム・有期雇用労働法が、令和3年4月1日から適用されるに当たり、基本給及び退職金については従前ど

おりとする一方、賞与のみ無期転換労働者（フルタイム）及び契約社員に対する支給の有無・支給額を変更しています。

　具体的には、次のとおりです。

待遇	正社員	無期転換労働者（フルタイム）	契約社員	パートタイム労働者
改定前の賞与	あり	寸志	寸志	なし
改定後の賞与	あり（1人平均半期で約50万円）	あり（1人平均半期で約10万円）	あり（同左）	なし

　これは、株式会社○×機械において、期間の定めがあることによる不合理な労働条件の禁止を定める改正前労働契約法20条に関する大阪医科薬科大学事件最高裁判決（最判令2・10・13労判1229・77）、及びメトロコマース事件最高裁判決（最判令2・10・13労判1229・90）（ ポイント10 参照）からみて、基本給、賞与、退職金については、変更の必要はないとの判断を前提としています。ただし、今後は機会の平等だけでなく、結果の平等も重視されることになるであろうし、何より優秀な有期雇用労働者を確保して、生産性を高めるためには、労働条件の上乗せも必要と考え、賞与のみ改定に踏み切ったというのが実状です。

2　具体的な説明（基本給・賞与・退職金）

　 ポイント21 で紹介した会社を例にとって、基本給、賞与、退職金についての具体的な説明例を以下のように掲げます。

　(1)　基本給

　　ア　相違の内容

　基本給につき、正社員と契約社員とでは、その決定基準に違いがあります。（決定基準・ルールの違いの有無）

Aさんは日給8,800円です。本件比較対象正社員の基本給は、日給換算で、平均約9,650円です。後で、説明するとおり、当社の物価手当（一律月額2万円）も、その実質は基本給と考えていますが、これを入れて計算しても、本件比較対象正社員の基本給は、日額換算で、平均約1万560円です。（個別具体的な内容）

イ　相違の理由

正社員は、長期雇用を前提とし、その中から将来の会社を支える基幹従業員を育てたいと考えています。そのため、基本給は、月給制とし、職能給、役割給（「係長」以上）及び年齢給をもって構成しています。

また、採用手続についても、正社員は厳格にし、職種変更や昇進でも、転勤を伴う異動等でも幅広い経験を積んでもらうシステムとしています。現に、入社時、入社5年目、入社10年目で、各正社員の育成計画も作成・見直しています。

これに対し、契約社員は、短期雇用を前提として、基本給は職務給で、職務そのものの難易度、責任の度合いなどを評価し、担当業務の地域の賃金相場も勘案して、賃金を決めています。正社員と契約社員の「職務の内容」（具体的内容を盛り込みます。）や「人材活用の仕組み・運用等」（具体的内容を盛り込みます。）の差異に照らせば、基本給について異なる決定基準・ルールを採用したことについては、不合理な点はなく、先ほど説明した日給の額の違い（Aさんの日給は、比較対象正社員の平均日額の約83％）だけ取り上げても、とても不合理といえるものでありません。

契約社員にも正社員登用制度が設けられており、契約社員から正社員になる途もあります。また、通算契約期間が5年超となった時点で、法律に基づいて、契約社員は無期転換申込権を行使できます。無期転換労働者の労働条件は、契約社員当時と変わりませんが、無期転換労働者だけが、選考手続を経れば、限定正社員になれます。しかも、実績としては、それなりの確率で限定正社員となっています。当社で長く頑張りたいという気持ちがあれば、是非、限定正社員や正社員を目指してください。

(2)　賞　与
ア　相違の内容

賞与につき、正社員と契約社員とでは、その決定基準に違いがあります。(決定基準・ルールの違いの有無)

昨年実績で、Aさんの年間賞与は18万円、本件比較対象正社員の年間賞与は、平均約80万円です。(個別具体的な内容)

イ　相違の理由

正社員が長期雇用を前提とし、契約社員が短期雇用を前提とすることは、先ほど詳しく説明しました。そのため、賞与の決定基準・ルールも違っています。正社員の賞与については、賃金規程上、「有為な人材の定着を目的として、半期に1度、賃金の後払い及び将来に向けての労働者の意欲向上のために支給する。」と定められ、契約社員の場合には、契約社員就業規則に、「賞与は、会社の業績に応じ、契約社員の勤務成績・勤務態度等を考慮して支給することがある。」と定められています。なお、契約社員については、賃金の後払いや将来に向けての労働者の意欲向上のための支給は考えられていません。そして、職務の内容や人材活用の仕組み・運用等の違いに照らせば、賞与支給について、異なった決定基準・ルールを採用することも不合理とはいえないはずです。しかも、Aさんの場合、異なる決定基準・ルールの下で正社員の2割強の賞与を受領されており、この点でも不合理はないと考えています。

(3)　退職金
ア　相違の内容

退職金についても、正社員と契約社員とでは、その支給の有無のルールに違いがあります。(決定基準・ルールの違いの有無)

3年以上勤務した正社員には、次の算式(ここでは省略)で算出される退職金が支給されますが(ただし、懲戒解雇の場合は、全部又は一部がなくなります。)、契約社員には、退職金が支給されません。(個別具体的な内容)

イ　相違の理由

退職金は、『労務の対価の後払いや継続的な勤務等に対する功労報償等の複合的な性質を有する』と解されており（メトロコマース事件＝最判令2・10・13労判1229・90）、『正社員としての職務を遂行し得る人材の確保やその定着を図るなどの目的から、様々な部署等で継続的に就労することが期待される正社員に対し退職金を支給する』ことは、肯定されているところです（メトロコマース事件）。これに対し、契約社員の皆様には、長期雇用を前提とした前述の趣旨が及びませんので、退職金制度を設けていません。

そして、当社では、契約社員が無期転換労働者となっても、退職金の支給はありませんが、無期転換労働者となった場合、先ほども説明したように希望すればある程度の確率で、限定正社員への登用の途も開けます。限定正社員には、一定の退職金が支給される制度があります。また、契約社員から直接に正社員になる途も設けられています。

したがいまして、退職金の支給の有無についても、不合理な点はないと考えています。

| コラム17 | 説明義務 |

1 説明義務の拡充の目的

　説明義務の拡充の目的ですが、パートタイム・有期雇用労働者は、その労働条件が不明確になりやすいことなどから、通常の労働者の待遇との違いを生じさせている理由が分からず、不満を抱く場合も少なくありません。また、事業主がどのような雇用管理の改善等の措置を講じるかについて、パートタイム・有期雇用労働者が認識していない場合も多く、こうしたことが、パートタイム・有期雇用労働者の不安や不満につながっていると推測されます。そこで、パートタイム・有期雇用労働者がその有する能力を十分に発揮するためには、このような状況を改善し、その納得性を高めることが有効だと考えられました。さらには、パートタイム・有期雇用労働者が通常の労働者との間の待遇の相違について納得できない場合に、まずは労使間での対話を行い、不合理な待遇差の是正につなげるとともに、事業主しか持っていない情報のために、労働者が訴えを起こすことができないといったことがないようにするため、事業主の説明義務を拡充したのです（平31・1・30基発0130第1等第3 10(1)）。平成30年5月23日の厚生労働委員会において、加藤勝信厚生労働大臣は、「待遇差について十分な説明をしなかったと認められる場合にはその事実、そして、していなかったという事実もその他の事情に含まれ、不合理性を基礎づける事情としてこの司法判断において考慮されるものと考えている」旨を答弁しています。つまり、不合理な待遇の禁止（パート・有期雇用労働8）に違反するとして、損害賠償請求の裁判が提起された場合、裁判で事業主が主張する待遇差の理由とこの説明義務の履行としての説明内容とに齟齬があると、裁判での主張の信用性が疑われるばかりか、説明義務の履行として十分な説明をしなかったこと自体が不合理か否かを判断する上での考慮要素である「その他の事情」として勘案されるということです。したがって、事業主にとっては説明義務を課されたことは大変なことであり、パートタイム・有期雇用労働者から求めがあってから準備するのではなく、あらかじめ準備しておくことが重要です。

2　説明義務を行う者を絞ること

　説明義務の履行のためには、担当者を決めることが重要です。パートタイム・有期雇用労働者は、説明を求める場合、直属の上司に言ってくるのが一般的でしょう。その場合に、直属の上司が安易に答えると、大きなミスを発生させる可能性が大です。中小企業においては、特に、担当者（あるいは担当部署）をあらかじめ決めておき、説明するのは担当者のみということを徹底すべきです。

　なお、説明の際には、隠し録音されていることがあり得ることにも注意が必要です。

| ポイント23 | 各種手当及び福利厚生等についての待遇の相 |

違の内容及び理由の説明の実際は

説明内容のポイントは次のとおりです。

① 待遇の相違の内容については、当該手当の性質・目的から
どのような決定基準で支給されているか（決定基準がパート
タイム・有期雇用労働者にも妥当するか否か）及び個別具体
的な内容

次に待遇の相違が認められる場合、その理由については、主
として、次の②から④までのいずれかを説明する必要がありま
す。

② 前提条件（ ポイント12 から ポイント14 までのそれぞ
れ1で指摘する「前提条件」を参照してください。）が異なり、
待遇の相違は不合理ではないこと

前提条件は同じであるが、

③ 当該手当分を基本給なりその他手当などで既に支払うな
ど、④を除く「その他の事情」を勘案すれば、原則の例外が
認められるケースであること

④ 正社員には、有為な人材の獲得・定着という視点（以下「有
為人材の獲得・定着論」といいます。）から支給・付与されて
おり、その趣旨が及ばないパートタイム・有期雇用労働者に
支給・付与しなくても、不合理でないこと

ただし、各種手当及び福利厚生等については、その性質・目
的が単一で、かつ明確である場合がほとんどですので、性質・
目的が多義的な基本給・賞与・退職金とは異なり、有為人材の
獲得・定着論には限界があることも充分に認識しておかなけれ
ばならない点です。

1　皆勤手当、時間外労働手当の割増率、通勤手当、食事手当、家族手当、慶弔休暇及び年始休暇を変更した理由

　ポイント21　で紹介した会社を例にとって、具体的に解説します。

　株式会社○×機械は、前述の変更によって、食事手当、家族手当及び慶弔休暇については、無期転換労働者（フルタイム）、契約社員及びパートタイム労働者にも正社員と同じ待遇とし、皆勤手当、時間外労働手当の割増率、通勤手当及び年始休暇については、パートタイム労働者を除いて、無期転換労働者（フルタイム）及び契約社員について、正社員と同じ待遇としました。株式会社○×機械がそのような判断をしたのは、次の理由によります。なお、無期転換労働者（フルタイム）の労働条件も改善している点については、　ポイント16　を参照してください。

　(1)　皆勤手当

　変更した理由は、　ポイント12　の5で解説したとおりです。

　なお、パートタイム労働者を除外したのは、パートタイム労働者が、定型的な事務作業のみを担当（責任も軽い）するため、皆勤手当支給の前提条件である「業務の内容」が同じ正社員（無期転換労働者（パートタイム）が同一ですが、皆勤手当は支給されていません。）がいないからです

　(2)　時間外労働手当の割増率

　変更した理由は、　ポイント12　の6で解説したとおりです。

　なお、パートタイム労働者を除外したのは、パートタイム労働者は時間外労働を禁止されており、時間外労働を行うことがないからです。

　(3)　通勤手当

　変更した理由は、　ポイント13　の4で解説したとおりです。

　なお、パートタイム労働者を除外したのは、パートタイム労働者の通勤手当上限月5,000円の趣旨がガイドライン第3　3(7)の「（問題と

ならない例）イ」に示されている「A社においては、本社の採用である労働者に対しては、交通費実費の全額に相当する通勤手当を支給しているが、それぞれの店舗の採用である労働者に対しては、当該店舗の近隣から通うことができる交通費に相当する額に通勤手当の上限を設定して当該上限の額の範囲内で通勤手当を支給しているところ、店舗採用の短時間労働者であるXが、その後、本人の都合で通勤手当の上限の額では通うことができないところへ転居してなお通い続けている場合には、当該上限の額の範囲内で通勤手当を支給している。」場合と同じだからです。

　(4)　食事手当

　変更した理由は、 ポイント13 の5で解説したとおりです。

　(5)　家族手当

　変更した理由は、 ポイント13 の3で解説したとおりです。

　なお、同解説に記載したように、最高裁の考え方は、継続して勤務することが見込まれる労働者か否かというメルクマールで不合理か否かを峻別しています。これに対して、株式会社○×機械では、前述のメルクマールを使わず、パートタイム労働者も含めて、家族手当を支給することとしました。家族手当の支給要件として、世帯主であることが必要であるため、パートタイム労働者の多くは支給対象外となり、一方、その要件を満たすなら、パートタイム労働者にも支給すると判断したからです。

　(6)　慶弔休暇

　変更した理由は、 ポイント14 の3で解説したとおりです。

　(7)　年始休暇

　変更した理由は、 ポイント14 の4の(3)ウで解説したところと同じです。

　なお、パートタイム労働者が除外されているのは、パートタイム労働者が年始に勤務することがないからです。

2　具体的な説明（各種手当及び福利厚生等の待遇の相違の内容及び理由）

　ポイント21 で紹介した会社を例にとって、各種手当及び福利厚生等の待遇の相違の内容及び理由についての具体的な説明例を以下のように掲げます。

(1)　フォークリフト手当

####　ア　相違の内容

　有資格者である正社員が、業務繁忙期にフォークリフトの運転業務を行った場合、その負荷に報いるため月額7,000円のフォークリフト手当を支給しています。（性質・目的）
　一方、Ａさんはフォークリフトの運転資格を有し、確かにフォークリフト運転業務に従事していますが、フォークリフト手当は支給されていません。（具体的な内容）

####　イ　相違の理由

　契約社員については、応募の段階から、日常業務として、フォークリフトの運転業務があり、フォークリフトの資格を有すると優遇されることが告げられています。そして、有資格者は日給で優遇され、その資格を有しない者に比べ、日給が320円高く設定されています。月22日勤務とすると、月額で7,040円となります。また、Ａさんの場合、1日中、フォークリフト運転をしているようなことはありません。
　一方、正社員についていえば、正社員の日常業務としては、フォークリフト運転は入っていません。繁忙期には、フォークリフトの運転手が不足するため、1か月単位で正社員がフォークリフトを運転する必要が出てきます。その場合のため、正社員間の公平を期する観点から、フォークリフト手当が創設されたのです。その事情を考慮すると、フォーク

リフト手当の支給の有無の相違は、不合理ではないと考えています。（「その他の事情」として、契約社員との場合、日給が320円高く設定されていることが考慮され、不合理でないという結論になるという説明です。）

(2)　夜勤手当

　ア　相違の内容

　　正社員が交替で夜勤勤務（午後6時から午後10時）した場合には、夜勤勤務の負荷に報いるためと夜勤勤務をしない正社員との公平性の観点から、1日当たり800円の夜勤手当が支給されています。（性質・目的）
　　一方、契約社員であるAさんには夜勤手当が支給されていません。（個別具体的な内容）

　イ　相違の理由

　　当社においては、正社員の入社に当たり、交替で夜勤勤務に従事することは必ずしも確定しておらず、生産の都合等に応じて夜勤勤務に従事することがあり、その場合に夜勤勤務手当が支給されます。その手当の性質や目的は、相違の内容を説明する際に述べたところです。
　　一方、契約社員であるAさんについては、夜勤勤務に従事することが明確にされた上で入社されており、正社員に支給される夜勤手当と同一の夜勤勤務の負荷分が基本給に盛り込まれており、実際に通常勤務のみに従事する契約社員に比べ、日額で500円高い基本給が支給されています。月のうち、夜間勤務を担当する日数が月の所定勤務日数の過半以下であることを考えると、Aさんに夜勤手当を支給しないことは不合理ではないと考えています。（Aさんについては、夜勤勤務に従事するため、フォークリフトの運転に従事する分とは別に日給が500円高く設定されていることが、「その他の事情」として考慮され、不合理でないという結論になるという説明です。）

(3) 物価手当

ア 相違の内容

正社員には、物価手当として一律月額2万円が支給されています。しかし、その支給の趣旨は、世の中で使われている物価手当とは異なり、当社の物価手当の性質は、基本給与そのものです。(性質・目的)

一方、契約社員には、物価手当が支給されません。(具体的な内容)

イ 相違の理由

当社の物価手当は、前述のとおり世間でいうところの物価手当と性格・目的を異にしています。物価手当創設に遡れば、創設されたのは、平成初期のバブル期のことです。春闘で、毎年基本給だけを然るべき金額引き上げたのでは、直ちに賞与や退職金に反映し、時代が変われば、大変な重荷になるかもしれないということで、労働組合との合意で基本給の昇給分を物価手当に振り分け何年かに分けて、現在の物価手当月額2万円を作り出したものです。つまり、物価手当イコール基本給という性格・目的を有しています。

そして、先ほど、基本給については、決定基準・ルールが正社員と契約社員で異なること及び物価手当を基本給に合算して日給相当分を算出しても、Aさんの日給と大きな差異がないことを説明させていただいています。

この点で、物価手当支給の相違は不合理ではないと、当社としては考えています。

(4) 病気休職

ア 相違の内容

正社員には、勤務年数10年未満で、6か月の病気休職が認められています。この病気休職の制度は、正社員が長期にわたり継続して勤務をすることが期待されることから、その生活保障を図り、私傷病の療養に専念してもらうことを通じて、その継続的な雇用を確保するために設けられ

ています。(性質・目的)

　これに対し、契約社員であるＡさんには、病気休職の制度がありません。(具体的な内容)

イ　相違の理由

　病職制度は、長期雇用を前提とする解雇の猶予制度であり、通算契約期間が長期とならない有期契約社員については、長期雇用を前提とする病気休職の趣旨が当てはまらず、これを付与しなかったからといって、不合理とはならないと考えています。

　確かに、Ａさんも勤務年数5年、6年と長期の勤務となるかもしれません。しかし、その場合でも、病気休職の制度自体はないものの、契約期間の途中で欠勤を理由に解雇するという運用は行いませんので、この点からも不合理ではないと考えています。

(5)　法定外年休

ア　前置き

　執筆者は、法定外年休については、基本的に ポイント14 の4の(2)において解説したとおり、「正社員には、労働基準法に上乗せした休暇日数を付与する一方で、パートタイム・有期雇用労働者には、上乗せがないといった日数における待遇差を設けた場合には、不合理な待遇差になると考えておくべき」という考えに立っています。

　しかし、法定外年休については、療養休暇や病気休職と同様に、長期雇用を図るという視点が機能する制度であり、相応に継続的な勤務が見込まれるか否かをメルクマールとして、その待遇の相違が不合理か否かを判断する考え方もあろうかと思います。株式会社〇×機械では、その考え方に立って、法定外年休については、正社員のみありとし、それ以外の雇用形態では、なしのまま変更しませんでした。

　ただし、そのような考えに立ったとしても、例えば有期契約労働者が通算契約期間5年以上となった場合には、法定外年休の日数を正社

員と同じだけ付与するといった調整は行っておくべきでしょう。

　この点は、次の裁判例の考え方に基づいています。

　すなわち、日本郵便（大阪）事件大阪高裁判決（大阪高判平31・1・24労判1197・5）は、病気休暇について次にように判断し、この点につき、最高裁は上告受理申立を不受理として、大阪高裁の判断を確定させています。ちなみに、大阪高裁は、「病気休暇についても、前記年末年始勤務手当の項（中略、執筆者注：大阪高裁は、年末年始手当について、勤務年数が5年を超えたか否かで区分し、5年以下であれば、年末年始手当不支給は不合理でない、一方、5年を超える場合は不合理と判断しました。）で説示したと同様、長期雇用を前提とする正社員と原則として短期雇用を前提とする本件契約社員との間で、病気休暇について異なる制度や運用を採用すること自体は、相応の合理性があるというべきであり、1審被告における本件契約社員と本件比較対象正社員との間で病気休暇の期間やその間有給とするか否かについての相違が存在することは、直ちに不合理であると評価することはできない。

　もっとも、前記年末年始勤務手当の項（中略）で説示したことは、病気休暇にも当てはまるというべきである。そうすると、本件において、1審原告らのうち1審原告Ⅰを除く7名については、有期労働契約を反復して更新し、改正後の労契法施行日である平成25年4月1日時点で、契約期間を通算した期間が既に5年を超えているから、前記病気休暇の期間及びその間の有給・無給の相違を設けることは、不合理というべきである。また、1審原告Ⅰについては、平成25年4月1日時点での契約期間を通算した期間は約3年にとどまるから、上記相違を設けることは不合理とはいえないが、その後、さらに有期労働契約が更新され、契約期間を通算した期間が5年を超えた平成27年5月1日以降も病気休暇について上記相違を設けることは、不合理というべきである。」と判断していました。最高裁も大阪高裁の勤務年数が5年を超えても病気

休暇を付与しないのは不合理であるという判断を、結果として支持したということです。

　ただし、正確にいえば、勤務年数が相応に継続的な勤務と考えられる5年を超えるパートタイム・有期雇用労働者がいるケースで、自分に病気休暇を付与しないのは不合理だと主張するパートタイム・有期雇用労働者の勤務年数が3年の場合、当該パートタイム・有期雇用労働者には、5年を超えてから病気休暇を付与すれば不合理ではないとする見解と、勤務年数が5年を超えるパートタイム・有期雇用労働者がいる以上、勤務年数3年の者にも病気休暇を付与しなければ不合理であるとする見解の対立はあります。

　イ　具体的な説明

　　（ア）　相違の内容

　　正社員には、勤務年数1年6か月時点から、労働基準法に1日上乗せした有給休暇を付与し、勤務年数4年6か月時点からは、労働基準法に2日上乗せした有給休暇を付与しています（最大1年につき22日）。これは、正社員には長期にわたり継続して勤務してもらうことを期待し、そのため、福利厚生を手厚くするため、上記のような有給休暇日数の上乗せをしています。（性質・目的）これに対し、契約社員であるAさんには、勤務年数が5年を超えるまでは、有給休暇日数の上乗せがありません。（具体的な内容）

　　（イ）　相違の理由

　　契約社員は原則として、短期雇用を前提としており、その点で長期雇用が期待される正社員とは異なりますので、勤務年数が5年以下の場合は、付与日数の上乗せをしていません。このように契約社員に法定外年休を付与しない扱いは、不合理ではないと考えています。しかし、勤務年数が5年を超えた契約社員の方には、正社員と同一の有給休暇日数の上乗せをしています。

ポイント24 パートタイム・有期雇用労働法6条から13条までの規定により措置を講ずべきこととされている事項に関する決定をするに当たって考慮した事項の説明の実際は

説明に当たって、次の3点が求められています。

① 条文の観点から、事業主が実施している各種制度等がなぜそのような制度であるのか、又は事業主が実施している各種制度等について説明を求めたパートタイム・有期雇用労働者にどのような理由で適用され若しくは適用されていないかを説明すること

② パートタイム・有期雇用労働法10条については、職務の内容、職務の成果等のうちどの要素を勘案しているか、なぜその要素を勘案しているか、また、当該説明を求めたパートタイム・有期雇用労働者について当該要素をどのように勘案しているかを説明すること

③ 同法14条2項による説明は、同項による説明義務に係る各条項の規定により求められている措置の範囲内で足りるものであるが、同法11条及び12条に関し、通常の労働者についても実施していない又は利用させていない場合には、講ずべき措置がないためであることを説明する必要があること

ただし、パートタイム・有期雇用労働法14条2項は、「その雇用する短時間・有期雇用労働者から求めがあったときは、」という規定となっていますので、パートタイム・有期雇用労働者がどういう内容を求めてくるかによって事業主の対応が変わらざるを得ないことには、注意を要します。

　株式会社○×機械（ ポイント21 参照）姫路工場に所属する契約社員Ａさんが、工場長に対し、パートタイム・有期雇用労働法14条2項の「第6条から前条までの規定により措置を講ずべきこととされている事項に関する決定をするに当たって考慮した事項」の説明を求めてきたという想定で、以下、解説します。

1　パートタイム・有期雇用労働法6条（労働条件に関する文書の交付等）関係

　予想されるＡさんからの求めとしては、例えば、「労働条件の明示方法は、電子メールでもよいのに、なぜ文書交付なのですか。」等です。

　これに対しては、「当社では、労働条件の明示の際にパートタイム・有期雇用労働法14条1項の説明も行っており、労働条件も含めて、口頭説明と共に、文書もお渡しするようにしています。そして、その文書には、説明を受けたことを明らかにするため、署名をしてもらうようにしています。そのため、当社では、文書交付を行っているのです。」という説明が考えられます。

　なお、「賞与の支給はないのですか。」といった質問は、同法6条に関する質問ではなく、同法8条や9条に関する質問と整理できるでしょう。

2　同法7条（就業規則の作成の手続）関係

　予想されるＡさんからの求めとしては、例えば、「契約社員就業規則を作成するについて、契約社員の過半数を代表すると認められるものの意見を聴いたのですか。聴いていないのなら、それはどうしてですか。」等です。

　これに対しては、「作成に当たって、契約社員の過半数を代表すると認められるものの意見は、聴いていませんが、当該事業所の労働者の

過半数で構成される労働組合の意見は聴いています。パートタイム・有期雇用労働法7条1項の『短時間労働者の過半数を代表すると認められるものの意見を聴くように努めるものとする。』というのは、あくまで努力義務にとどまります。」という説明が考えられます。

3　同法8条（不合理な待遇の禁止）及び9条（通常の労働者と同視すべき短時間・有期雇用労働者に対する差別的取扱いの禁止）関係

　同法8条や9条に関しては、同法14条2項前段の「待遇の相違の内容及び理由」の説明が正しくなされていれば、後段の説明もカバーできていると思います。これに対し、前段の説明として、「契約社員だからしょうがないよね。」のような説明にとどまるのであれば、後段の説明も必要になるのでしょう。その場合の説明内容は、前段で本来必要とされている「理由」の説明内容と重なります。

4　同法10条（賃金）関係

　予想されるAさんからの求めとしては、例えば、「私の毎月の賃金はどのような事項を考慮して決められたのですか。」等です。

　これに対して、Aさんには、「雇入れ時に、『当社においては、パートタイム・有期雇用労働者の皆様の賃金については職務給を採用しています。』と説明しています。職務給と申しますのは、職務そのものの難易度、責任の度合いなどを評価し、職務によって賃金を決める方式です。賃金を決めるに当たっては①職務そのものの難易度、②責任の度合い、③当該業務を担当してもらう場合の地域の賃金相場を勘案しています。

　次に、なぜ、その要素を勘案したかですが、正社員は長期雇用を前

提とし、色々な職場や業務を経験してもらい、基幹従業員として育成することを考えています。そのため、正社員の賃金は、能力や経験に基づく職能給、担当してもらう役割に基づく役割給（「係長」以上）及び年齢給で構成されています。これに対し、パートタイム・有期雇用労働者は、短期雇用を前提とし、業務内容も簡易で定型的な業務にとどまるため、職務給として、先ほどの3つの要素をもって賃金を決定します。

　そして、Aさんについて、その3つの要素をどのように勘案したかですが、Aさんの担当業務は、○○及び△△が中心で、簡易かつ定型的な業務であるため、やはりその3つの要素を、具体的には、①職務そのものが簡易かつ定型的で、②責任の程度が軽く、③地域の賃金相場が、時給換算で1,000円程度であることを勘案して日給を決定しました。」との説明が考えられます。

5　同法11条（教育訓練）関係

　予想されるAさんからの求めとしては、例えば、「私は、なぜ、正社員の方が受講できる玉掛け作業の研修を受けることができないのですか。」等です。これに対しては、「正社員が受講できる玉掛け作業の研修内容は、同作業の基礎編です。Aさんの場合、玉掛け資格を有するほか前職での経験もあり、玉掛け作業の基礎は、十分に身に着けておられるからです。」等の説明が考えられます。

6　同法12条（福利厚生施設）関係

　予想されるAさんからの求めとしては、例えば「給食施設をなぜ作らないのですか。」等です。これに対しては、「当社の事業所は、工場

も含めて、規模が小さく、給食施設をいずれも設けていません。その
代わりといっては何ですが、当社では、食事手当を正社員だけでなく、
契約社員にも、パートタイム労働者にも支給しています。」等の説明が
考えられます。

7　同法13条（通常の労働者への転換）関係

　予想されるAさんからの求めとしては、例えば、「正社員の登用試験
の受験資格として、勤続2年以上とあるのはどうしてですか。」等が考
えられます。これに対しては、「長期雇用を前提として基幹従業員に
育ってもらうことが期待される正社員となる条件を備えているかを、
勤務状態や勤務成績から見るためには、2年程度は必要と考えている
からです。」等の説明が考えられます。

| コラム18 | 家族手当の不利益変更 |

　説明義務の具体的な履行方法を説明するためのケーススタディにおいて、例として取り上げた株式会社○×機械（ ポイント21 参照）では、家族手当（世帯主要件あり・配偶者月額1万円、子供1人当たり5,000円（2人まで））を、賃金規程を変更して、世帯主要件ありは同じですが、配偶者分を廃止し、一方、子供1人当たり8,000円（3人まで）と増額しています。しかし、家族手当として、配偶者分月額1万円と子供分月額5,000円の計月額1万5,000円の支給を受けていた正社員（子供は1人）は、賃金規程の変更後、子供分として、月額8,000円の家族手当しか支給を受けられず、この点から見れば、明らかな不利益変更です。では、このような不利益変更が許されるのでしょうか。なお、この会社においては、正社員にのみ支給されていた住宅手当を、基本給に組み入れていますが、このような変更の有効性については、コラム14を参照してください。

　家族手当の削減という賃金規程の不利益変更については、合理性を認めてその不利益変更を有効としたリオン事件（東京地立川支判平29・2・9労判1167・20）があります。

　同事件では、会社が労働条件を定めた労働組合との労働協約を一方的に破棄して、家族手当の削減（配偶者月額3万円・子供その他月額1人1万5,000円→配偶者月額1万6,000円、子供その他月額6,000円）、地域手当の廃止及び年功的基本給（毎年、労使交渉に基づき、昇給を全社員につき一律に決定）を、年齢給と職能給で構成される成果主義的賃金（職能給の昇給額は、毎年、人事考課により決定される。）に変更することを内容とする賃金規定の変更を行いました。これに対し、正社員の一部から、賃金規定の変更は就業規則の不利益変更であるとして、その不利益変更によって減額された未払賃金の支払を求められて訴えが提起された事案です。

　なお、同事件においては、①基本給の減額分については、職能調整給が、②家族手当減給分については、手当調整給が、それぞれ5年間支給されるほか、この賃金規定の改定を契機に、子育て支援制度の拡充や、ベースアップや定期昇給についての改善も行われています。

　裁判所は、以下の必要性等を認めた上で、「基本給及び家族手当の減額分について、5年間全額調整給として支払った措置は、同調整給が支払われている間の昇給により本件減額の影響を軽減し、あるいは、定年までの不利益を軽減する期間として相当であるということができ、十分な緩和措置として評価することができる。」などと評価して、賃金規定の不利益変更に合理性を認めました。

・職能資格制度の導入及び生活手当等の削減により個々の従業員の能力や成果等を人事制度及び給与制度に反映させ、労働生産性を高める経営上の必要性があったこと

・男女間の賃金格差解消が当時の社会的要請であったことに鑑みれば、一般的に男性従業員に支払われることの多い家族手当が過大となることは望ましくなく、その手当を減少させ、その分を、例えば基本給などの増額に利用する必要性があったこと

　ただし、同事件では、改定後の家族手当が当時の民間企業の家族手当の平均支給額を上回ることも重視されていました。しかし、配偶者に対する家族手当の支給は、専業主婦の家事労働への貢献を、何故、事業主が評価しなければならないのかといった疑問のほか、単身者や共働き家庭にも不公平な制度です。したがって、執筆者は、一定期間の緩和措置を講ずれば、配偶者に対する家族手当の廃止は、合理性を有し得ると考えています。これに対し、少子高齢化は、最大の国難なのですから、子供に対する家族手当を、配偶者に対する家族手当と同レベルで論ずることはできないのではないかと思っています。

第 3 章

その他の諸問題

200

ポイント25　行政による履行確保措置や裁判外紛争解決手
続にはどのようなものがあるか

　パートタイム・有期雇用労働法は、行政による履行確保措置
として、厚生労働大臣又は都道府県労働局長が、パートタイム・
有期雇用労働者の雇用管理の改善等を図るため必要があると認
めるときは、事業主に対して、報告を求め、又は助言、指導若
しくは勧告をすることができると定めています。また、行政指
導の実効性を確保するため、事業主の措置を定めた一定の規定
に違反して勧告を受けたにもかかわらず、その勧告に従わない
場合の事業主名の公表制度を設けています。

　さらに、パートタイム・有期雇用労働法は、裁判外紛争解決
手続として、苦情の自主的解決、都道府県労働局長による紛争
解決援助（助言、指導又は勧告）や調停などの制度を定めてい
ます。

　これらの制度は、改正前パートタイム労働法では、パートタ
イム労働者のみが対象とされていましたが、パートタイム・有
期雇用労働法では、パートタイム労働者に加えて有期雇用労働
者も対象となりました。

1　行政による履行確保措置

（1）　報告の徴収、助言、指導及び勧告等

ア　概　要

　パートタイム・有期雇用労働法18条1項は、行政による履行確保措置
として、厚生労働大臣は、パートタイム・有期雇用労働者の雇用管理
の改善等を図るため必要があると認めるときは、事業主に対して、報

告を求め、又は助言、指導若しくは勧告をすることができると定めています。そして、同条3項は、その厚生労働大臣の権限は、その一部を都道府県労働局長に委任することができる旨を定めており、実際の指導等を行うのは、都道府県労働局長です。さらに、これらの権限を行使するに当たっては、労働者からの申立てや、第三者からの情報、職権等その端緒を問わず、必要に応じて行使することができるものとされています（平31・1・30基発0130第1等第3　14(1)ロ）。また、「パートタイム・有期雇用労働者の雇用管理の改善等を図るため必要があると認めるとき」とは、パートタイム・有期雇用労働法、パートタイム・有期雇用労働指針及びガイドラインによって事業主が講ずべき措置について、事業主の実施状況を確認するときや、その措置が十分に講じられていないと考えられる場合において、その措置を講ずることが雇用管理の改善等を図るため必要であると認められるとき等をいいます（平31・1・30基発0130第1等第3　14(1)ハ）。

　なお、改正前パートタイム労働法は、パートタイム労働者との関係でのみ行政指導等の制度を定めていましたが、パートタイム・有期雇用労働法はパートタイム労働者に加えて有期雇用労働者を対象としたため、有期雇用労働者との関係でも、行政指導等ができるようになりました。

　また、改正前パートタイム労働法においては、不合理な待遇の禁止を定める同法8条は行政指導の対象外でしたが、パートタイム・有期雇用労働法では同条の違反も行政指導の対象となります。ただし、職務の内容等の違いではなく、パートタイム・有期雇用労働者であることを理由とする不支給など、同条に違反することが明確である場合に限られます（平31・1・30基発0130第1等第3　14(1)ハ）。

　　イ　報告の徴収等の内容
　「報告の徴収」は、助言、指導、勧告のために行う事実の調査とし

て、文書の提出の要請、出頭を求めての事情聴取、事業所への現地実
情調査等を行うことのほか、パートタイム・有期雇用労働法の施行に
必要な事項に関し事業主から報告を求めることをいいます。

　次に、「助言」は、パートタイム・有期雇用労働法、パートタイム・
有期雇用労働指針及びガイドラインに違反する状況を解消するため
に、事業主に対して口頭又は文書によって行われるものであるとされ
ています。

　さらに、「指導」は助言対象事案のうち、是正のためには強い要請が
必要であると認められるものについて、「勧告」は、指導対象事案のう
ち、是正のためには更に強い要請が特に必要と認められるものについ
て、それぞれ事業主に対して文書の手交又は郵送の方法によって行わ
れるものとされています（平31・1・30基発0130第1等第3　14(1)ニ）。

　(2)　公　表

　パートタイム・有期雇用労働法18条2項は、行政指導の効果を高め、
パートタイム・有期雇用労働法の実効性を確保するため、事業主の措
置を定めた一定の規定に違反して勧告を受けたにもかかわらず、その
勧告に従わない場合の事業主名の公表制度を設けています。

　具体的には、厚生労働大臣又はその委任を受けた都道府県労働局長
は、労働条件に関する文書の交付等（パート・有期雇用労働6①）、通常の
労働者と同視すべきパートタイム・有期雇用労働者に対する差別的取
扱いの禁止（パート・有期雇用労働9）、教育訓練の実施（パート・有期雇用
労働11①）、福利厚生施設の利用機会の付与（パート・有期雇用労働12）、通
常の労働者への転換に関する措置（パート・有期雇用労働13）、事業主が
講ずる措置の内容等の説明（パート・有期雇用労働14）、相談のための体
制の整備（パート・有期雇用労働16）に違反している事業主に対して勧告
をした場合において、事業主がその勧告に従わないときは、その旨を
公表することができます（パート・有期雇用労働18②③）。

　公表を行うことができるのは、勧告の対象が前述の各規定に違反する場合に限られていますので、不合理な待遇の禁止を定めるパートタイム・有期雇用労働法8条の違反は、前述のように行政指導の対象にはなるものの、公表の対象とはなっていません。また、企業名公表の権限は、都道府県労働局長に委任されていませんので（パート・有期雇用労働則8）、これを行うのは、厚生労働大臣です。

2　裁判外紛争解決手続

(1)　苦情の自主的解決

　パートタイム・有期雇用労働法22条は、労働者の苦情や労使間の紛争は、本来労使間で自主的に解決することが望ましいことから、苦情の自主的解決制度を定めています。

　具体的には、事業主は、労働条件に関する文書の交付等（パート・有期雇用労働6①）、不合理な待遇の禁止（パート・有期雇用労働8）、通常の労働者と同視すべきパートタイム・有期雇用労働者に対する差別的取扱いの禁止（パート・有期雇用労働9）、教育訓練の実施（パート・有期雇用労働11①）、福利厚生施設の利用機会の付与（パート・有期雇用労働12）、通常の労働者への転換に関する措置（パート・有期雇用労働13）、事業主が講ずる措置の内容等の説明（パート・有期雇用労働14）について、パートタイム労働者や有期雇用労働者から苦情の申出を受けたときは、苦情処理機関に処理を委ねるなど、自主的な解決を図るよう努めるものとするとされています。ちなみに、苦情処理機関とは、事業主を代表する者及び当該事業所の労働者を代表する者を構成員とする当該事業所の労働者の苦情を処理するための機関です（パート・有期雇用労働22）。

(2)　行政ADR

　前述(1)の事業所内での自主的解決制度によっても紛争が解決しない場合には、都道府県労働局長に援助を求める方法と紛争調整委員会

による調停（このような行政による裁判外紛争解決手続を「行政ADR」
とも呼びます。）を行う方法が用意されています。確かに、法律で不合
理な待遇差を禁止しても、実際に労働者が裁判で救済を求めるのはハ
ードルが高いため、行政ADRが用意されているのです。

　簡単な手続で迅速に行政機関に解決してもらいたい場合には、都道
府県労働局長に援助を求める方法が適しており、都道府県労働局長は、
紛争の当事者（紛争の状態にあるパートタイム労働者、有期雇用労働
者及び事業主）の双方又は一方から援助を求められた場合には、当事
者に対して必要な助言、指導又は勧告をすることができるとされてい
ます（パート・有期雇用労働24①）。

　公正・中立性の高い第三者機関に援助してもらいたい場合には、紛
争調整委員会による調停を行う方法（パート・有期雇用労働25）が適して
います。

　なお、改正前パートタイム労働法は、パートタイム労働者との関係
でのみ２の裁判外紛争解決手続を定めていましたが、パートタイム・
有期雇用労働法はパートタイム労働者に加えて有期雇用労働者を対象
としたため、有期雇用労働者も裁判外紛争解決手続を利用できること
になりました。

コラム19	職務給

1　コラム19では、職務給についての執筆者の考えを述べてみたいと思います。 ポイント1 で解説したように、わが国で導入された同一労働同一賃金は、ネーミングどおりの「職務の内容が同一・同等の労働者に対しては、同一の賃金を支払う。」という意味での同一労働同一賃金ではありません。

　本来の意味での同一労働同一賃金であれば、職務給への移行は不可避といえます。しかし、最終的に不合理な待遇差の禁止に落ち着いた以上、職務給への移行は絶対ではありません。現に、ガイドラインでも基本給につき職能給を採用している場合、勤続給を採用している場合等々の記述があって、職能給の存続も前提としています。

2　しかし、政府が職務給への移行を推奨していることは間違いありません。

　厚生労働省の「職務評価を用いた基本給の点検・検討マニュアル」などでも、その考え方に立っています。

　ところで、わが国の雇用制度の特色として、①終身雇用、②年功賃金、③企業別組合がいわれて久しいです。

　その場合、終身雇用のもとで正社員に採用された者は、定年までの安定雇用が保障され、当該労働者が懲戒解雇に該当するような行為をした場合を除いて、経営が悪化したときでもできるだけ雇用を守ることが事業主には要求され、能力不足であっても、教育訓練、配置転換などを通して雇用を維持するということが求められてきました。他方、正社員は、事業主の広範な人事権（例えば、札幌への単身赴任や、人事から経理への異動等々）に服することも求められてきました。

　しかし、経団連自身①の終身雇用や②の年功賃金の維持ができないことを表明しています。また、第4次産業革命が更に進むと、AIを使う労働者とAIに使われる労働者に分かれるといわれています。

　そのような中で、将来的には職能給の維持は困難でしょう。また、現在においてさえ、ITの開発に携わる労働者なども、従前の賃金体系の中では処遇できず、職務給に移行せざるを得ないのもそのとおりと

思います。

　したがって、執筆者も大きな流れとして、賃金が職務給に向かうことを否定するものでありません。

3　しかし、執筆者は、中小企業においては、「慌てて正社員の基本給を職務給に移行させる必要はありません。」と申し上げています。それは、次のような理由からです。

　1点目は、正社員には配置転換があると思いますが、配置転換で職務が変わっても同一賃金でよいという職能給のメリットを放棄する必要があるのかという問題意識です。

　職務給が採用されているヨーロッパでは、職務を変更するには、本人の同意が必要です。そして、これが本来の職務給です。当該職務のために、その労働者を採用したのですから、当然の帰結といえます。

　しかし、我が国では、正社員で職種が限定されているのは稀です。中小企業における職務給の導入例を見るに、事業主は、必要性等がある場合、正社員を配置転換する権利を保持したままですし、就業規則の内容が合理的であれば、正社員の知不知を問わず、労働契約の内容となっているという就業規則法理も放棄していません。そのような中で、正社員の賃金体系を職務給に変更した場合、正社員の職務を変える必要が生じたとき（職務を変えることで、賃金が上がる場合はよいのですが、下がる場合です。）、問題が発生します。

　例えば、ミスばかりするので機械操作から簡単な作業に異動させる必要が生じた場合などです。確かに、賃金を同一にすれば、異動は可能でしょうが、それでは、簡単な作業に従事している他の労働者から、なぜ異動してきた労働者だけ高い賃金をもらえるのかとの不満が出てきます。そうかといって、賃金を大幅に下げるには、我が国では大きなハードルがあります。また、そもそも、職務給であるにもかかわらず、配置転換が自由ということ自体、矛盾を含んでいます。

　2点目は、正社員に職務給を導入する前提として、解雇規制がもう少し緩やかになる必要があるのでないかという問題意識です。これは1点目と表裏の関係にあります。

　我が国の解雇規制は、未だ終身雇用を前提とした内容となっています。終身雇用が崩れ、年功賃金が崩壊し、職務給が一般となった場合

を前提としていません。解雇は難しい、しかし、このまま現在の職務を担当させるわけにはいかない、かといって、異動先は賃金の安くなる部門しかない、といった場合が問題です。

　そして3点目は、正規労働者と非正規労働者が同じ職務給を採るなら、前提条件が異なったのを、わざわざ同じにしてしまうことによって、不合理な待遇の禁止に抵触する事態を招かないかという問題意識です。

　正規労働者も非正規労働者も、職務給にすることによって賃金決定の基準・ルールが同一になります。

　このように、その基準・ルールを同一にすると、基本給についても不合理な待遇差でないのかが、クローズアップされることになります。

4　繰り返しになりますが、職務給は、最先端の事業をグローバルに展開する必要があり、そのため、厚待遇で迎えたい人材がいる大企業では、一刻も早く職務給への移行を考える必要があるでしょうが、中小企業では、もう一度立ち止まって、慎重に検討しても遅くないと考えています。

ポイント26　派遣会社（派遣元事業主）から派遣社員を派遣してもらう場合、派遣先は、同一労働同一賃金をクリアするために、どのような確認・準備が必要か

> 派遣社員を受け入れている中小企業において、確認・準備すべきポイントは、次の2つです。
> ①　派遣先均等・均衡方式か労使協定方式かの確認
> 　労働者派遣法の改正により、派遣社員と派遣先の通常の労働者との間で、待遇の均等・均衡が求められ、その実現のために、「派遣先均等・均衡方式」と「労使協定方式」が設けられました。実務上は、労使協定方式を採用するのが便宜であり、かつ、派遣元事業主においてもこの方式を採用するのが一般的です。同方式が採用されている場合、派遣社員の賃金の比較は、同様の地域、同種の業務、同程度の能力・経験の3つの要素を加味した一般労働者の賃金との間で行われます。
> ②　情報提供義務の準備
> 　派遣先は、派遣元事業主に対し、派遣契約締結に当たり、あらかじめ、比較対象労働者の待遇情報を提供する義務を負います。提供すべき情報は、派遣先均等・均衡方式と労使協定方式の場合とで変わります。

1　はじめに

　まず、派遣元事業主と派遣社員間の労働契約に、パートタイム・有期雇用労働法が適用される場合、当然のこととして、派遣元事業主は、パートタイム・有期雇用労働者である派遣社員に対し、自社の通常の

労働者との間に不合理な待遇の禁止（パート・有期雇用労働8）や通常の労働者と同視すべきパートタイム・有期雇用労働者に対する差別的取扱いの禁止（パート・有期雇用労働9）が求められます。

　しかし、ここで問題としているのは、上記事項ではなく、労働者派遣法に基づいて、派遣元事業主が、パートタイム・有期雇用労働者であるかどうかを問わず、派遣社員につき派遣先の通常の労働者との間に、不合理な待遇の禁止（労働者派遣30の3①）や、「不利」な取扱いの禁止（労働者派遣30の3②）が求められているところ、その場合、派遣先は何を確認・準備すべきかです。

　なお、労働者派遣法の均等待遇規定においては、禁止の対象がパートタイム・有期雇用労働法9条の「差別的取扱いをしてはならない」ではなく、「不利なものとしてはならない」とされました。これは、労働者派遣法の均等待遇規定が派遣社員と派遣先に直接雇用される「通常の労働者」との間に適用されるため、派遣社員と派遣先の直接雇用の労働者とでは雇用主が異なることから、派遣社員と派遣先の直接雇用の労働者との間で「差別」の取扱いを行うということがなじみません。そのため、趣旨は同じであるが、「不利」な取扱いが禁止されたと理解されています。

　ところで、派遣元事業主は、派遣社員がパートタイム・有期雇用労働者かどうかにかかわらず、①雇入時、②派遣時、③派遣社員から求めがあった場合、派遣元事業主の派遣社員に対する待遇に関する説明義務が強化され、多岐にわたる明示事項及び説明事項が定められました（労働者派遣31の2）。しかし、この点は、あくまで派遣元事業主の義務ですので、ここでは説明を割愛します。

2　派遣先均等・均衡方式か労使協定方式かの確認
　労働者派遣法上、派遣社員と派遣先の通常の労働者との間で、待遇

の均等・均衡を実現するため、派遣先均等・均衡方式と労使協定方式の2つの方式が定められました。

(1)　派遣先均等・均衡方式（労働者派遣30の3・30の5）

派遣先均等・均衡方式は、文字通り派遣先の通常の労働者との均等・均衡を実現する方式ですが、派遣先が変わるごとに派遣社員の賃金水準等を変える必要があり、派遣社員の所得が不安定になるおそれがあります。派遣先の人事担当者から、同社の待遇に関する情報を派遣元事業主へ提供するという必要も生じ、派遣先としては、その負担が増えます。制度上は例外として定められた労使協定方式を選択する場合が実務上多いと考えられていましたし、現に派遣元事業主においては労使協定方式を採用するのが一般的となっています。

(2)　労使協定方式（労働者派遣30の4）

派遣元事業主が、過半数労働組合又は過半数代表者と派遣元事業主との間で所定事項を定めた労使協定を締結し、労使協定で定めた事項を遵守しているときは、その待遇が労使協定に基づいて決定されることになり、派遣先均等・均衡方式の適用が免除されます。

前述のとおり、実務上、労使協定方式をとっているケースが一般的ですので、以下は、労使協定方式を念頭において、派遣元事業主から派遣社員を受け入れた場合に、派遣先が、どのような準備をしておくべきかについて説明します。

3　派遣先の情報提供義務

(1)　情報提供義務

派遣先の通常の労働者と派遣社員の均等・均衡待遇を図るためには、派遣元事業主において、比較対象となる派遣先の労働者の待遇に関する情報を把握しておかなければなりません。そのため、労働者派遣の役務の提供を受けようとする者は、労働者派遣契約を締結するに当た

っては、あらかじめ、派遣元事業主に対し、派遣社員が従事する業務ごとに、「比較対象労働者」の賃金等の待遇に関する情報その他の厚生労働省令で定める情報（労働者派遣則24の4）を提供する義務を負います（労働者派遣26⑦）。

　そのような情報提供がない場合、派遣元事業主は、派遣先との間で労働者派遣契約を締結することができません（労働者派遣26⑨）。

　(2)　比較対象労働者

　「比較対象労働者」（労働者派遣26⑧）については、労働者派遣法施行規則24条の5の定めを踏まえた厚生労働省の解説によると、派遣先が次の①〜⑥の優先順位により選定することとされています（派遣先の皆さまへ（厚生労働省ホームページ））。

①　「職務の内容」と「職務の内容及び配置の変更の範囲」が同じ通常の労働者

②　「職務の内容」が同じ通常の労働者

③　「業務の内容」又は「責任の程度」が同じ通常の労働者

④　「職務の内容及び配置の変更の範囲」が同じ通常の労働者

⑤　①〜④に相当するパートタイム・有期雇用労働者（パートタイム・有期雇用労働法等に基づき、派遣先の通常の労働者との間で均衡待遇が確保されていることが必要）

⑥　派遣労働者と同一の職務に従事させるために新たに通常の労働者を雇い入れたと仮定した場合における当該労働者（派遣先の通常の労働者との間で適切な待遇が確保されていることが必要）

　(3)　労使協定方式の場合に提供すべき「待遇」に関する情報

　派遣先均等・均衡方式の場合には、法令で定められた比較対象労働者の待遇に課する詳細な情報を提供する必要があります（労働者派遣26⑦、労働者派遣則24の4一）。

　他方で、労使協定方式の場合には、教育訓練及び福利厚生施設につ

いての均等・均衡の確保は義務付けられている（労働者派遣30の4①）ことから、派遣先は、次の①及び②についての情報の提供義務を負います（労働者派遣則24の4二）。

① 業務に必要な能力を付与するための教育訓練（労働者派遣法40条2項の教育訓練）

② 給食施設、休憩室、更衣室の利用（労働者派遣法40条3項（労働者派遣法施行規則32条の3）の福利厚生施設）

(4) 待遇情報の提供方法と保存

上記の情報提供は、書面の交付等（書面の交付、ファクシミリ、電子メール等）により行わなければなりません（労働者派遣則24の3①）。そして、派遣元事業主は書面等を、派遣先は当該書面等の写しを、労働者派遣が終了した日から3年を経過する日まで保存しなければなりません（労働者派遣則24の3②）。

| コラム20 | 副業・兼業の促進に関するガイドライン |

　令和2年9月に「副業・兼業の促進に関するガイドライン」(厚生労働省、平成30年1月策定) が改定され、副業・兼業者の簡便な労働時間管理の方法 (管理モデル) 等が示されました。

　テレワークと異なり、副業・兼業には、事業主は余り関心を示さなかったようですが、全日空のように、新型コロナによる業績悪化で給与削減に踏み切るようなケースの場合、今後、全社員に副業を広く認める事業主が更に出てくるかもしれません。

　ところで、上記ガイドラインが想定しているのは、正規雇用か、それとも雇用形態を問わないかという質問を受けたことがあります。その質問に対し、執筆者は次のように回答しました。

　副業と兼業の明確な定義はありませんが、中小企業庁の「兼業・副業を通じた創業・新事業創出に関する調査事業　研究会提言」の中では、「兼業・副業とは、一般的に、収入を得るために携わる本業以外の仕事を指す」と記載されています。

　そうしますと、副業・兼業の共通点は、「本業以外の仕事をする点」であり、違いは、本業以外の仕事にかける時間・労力、収入、事業度合等にあるといわれています。つまり、主体的な本業があって、副業はサブ。これに対し、兼業は「兼業農家」という言葉があるように、兼業自体にも事業性があり、かつ、時間・労力においても、本業が必ずしも主とはいえないようなケースを指すといえるのではないでしょうか。

　そうしますと、「副業・兼業の促進に関するガイドライン」が想定しているのは、本業がある場合であるとはいえると思いますが、しかし、本業の有無は、必ずしも雇用形態には関係ないと考えます。例えば、フルタイムのパートは、本業は、フルタイムで従事しているパート業務といえるでしょう。さらに言えば、世の中には、本業といえる仕事がなく、いくつもの仕事を掛け持ちする (せざるを得ない) 人々もいます。朝はビルの清掃、昼からガソリンスタンド、晩は飲食店で働くという人を知っています。

　したがって、労働基準法の定める労働時間の通算等は、本業の有無にかかわらず、今後、事業主として、関心を持たなければならない領域になってくると思います。

| ポイント27 | ウィズコロナを見据えた同一労働同一賃金は |

　ハマキョウレックス事件（最判平30・6・1判時2390・96）、長澤運輸事件（最判平30・6・1判時2389・107）、大阪医科薬科大学事件（最判令2・10・13労判1229・77）、メトロコマース事件（最判令2・10・13労判1229・90）、日本郵便（東京・大阪・佐賀）事件（最判令2・10・15労判1229・58、労判1229・67、労判1229・5）、計7つの最高裁判決が出て、待遇差が不合理か否かを最終判断する最高裁の判断枠組みの概要が明らかになりました。すなわち、以下の2点が大きな判断枠組みです。

①　基本給、賞与及び退職金のようなその性質・目的が多義的な待遇については、制度設計上の事業主の経営判断を尊重する。

②　一方、諸手当や福利厚生等のように、その性質・目的が単一で明確なものについては、裁判所が立ち入って、その性質・目的に照らして、不合理か否かを判断する。

　しかし、中小企業においては、留意しなければならない点があります。それは、①の制度設計上の事業主の経営判断が尊重されるためには、その制度上の設計は、正社員は長期雇用を前提とするというだけでの抽象的なものでは足らず、正社員には人事異動による人材育成制度が採用され、将来、基幹従業員となってもらうのにふさわしい賃金体系を採用していることが必要であるという点です。このような正社員に対する具体的な制度設計なくしては、裁判所から①の制度設計上の事業主の経営判断を尊重するとの判断をもらうことはできないことに注意が必要です。

　ところで、ウィズコロナの時代を迎え、働き方は今後大きく変わろうとしています。中小企業においても、それを見据えた労働者の待遇の制度設計が求められていることは、間違いありません。

1　事業主の経営判断の尊重

　前述のハマキョウレックス事件最高裁判決は、期間の定めがあることによる不合理な労働条件の禁止を定める改正前労働契約法20条について、「有期契約労働者については、無期労働契約を締結している労働者（以下「無期契約労働者」という。）と比較して合理的な労働条件の決定が行われにくく、両者の労働条件の格差が問題となっていたこと等を踏まえ、有期契約労働者の公正な処遇を図るため、その労働条件につき、期間の定めがあることにより不合理なものとすることを禁止したものである。そして、同条は、有期契約労働者と無期契約労働者との間で労働条件に相違があり得ることを前提に、職務の内容、当該職務の内容及び配置の変更の範囲その他の事情（以下「職務の内容等」という。）を考慮して、その相違が不合理と認められるものであってはならないとするものであり、職務の内容等の違いに応じた均衡のとれた処遇を求める規定であると解される。」と判示し、均衡がとれているか否かの判断に当たっては、「労使間の交渉や使用者の経営判断を尊重すべき面があることも否定し難い」として、司法の謙抑的な姿勢を示していました。

　そして、そのような姿勢が、前述の大阪医科薬科大学事件最高裁判決の賞与及びメトロコマース事件最高裁判決の退職金で示された判断、すなわち前述のポイントの中の①で指摘した制度設計上の事業主の経営判断を尊重するという判断に如実に現れました（この点は、両

事件の控訴審裁判所が認めた損害賠償の割合的認定を覆した点にも現れています。）。土田教授は、この基本給・賞与・退職金について、「基本給・賞与・退職金は、まさに上記①（執筆者注：「職務の内容」を指します。）、②（同注：「当該職務の内容及び配置の変更の範囲」を指します。）、③（同注：「その他の事情」を指します。）によって規定されつつ設計される賃金制度に基づく賃金であり、かつ、各企業の賃金・人事施策を基礎に長年かけて形成され、労働組合等との労使交渉を経て決定される。このように、労働市場、企業の人事施策および労使交渉を踏まえて形成される賃金制度の適法性を第三者である裁判所が適切に判断する能力を有しているとは考えられないし、そうした判断を行わせることが適切ともいえない。」と以上のような端的な指摘をされておられます（土田道夫「短時間・有期労働法における人事管理の課題と法的課題」ジュリスト1538号56頁（2019））。

2　中小企業が注意すべき点

　しかし、このような最高裁の姿勢には、中小企業が特に注意しなければならない点が含まれています。

　それは、前述のポイントで指摘したように、制度設計上の事業主の経営判断が尊重されるためには、その制度上の設計は、正社員は長期雇用を前提とするといっただけの抽象的なものでは足らず、正社員には、人事異動による人材育成制度が採用され、将来、基幹従業員となってもらうにふさわしい賃金体系を採用していることが必要であるという点です。

　このような指摘をさせていただくと、「当社はできていないな。」と思われる会社も、それなりにあるのではないでしょうか。諸手当等とは異なって、基本給・賞与・退職金に裁判所が介入して、その待遇差は不合理と判断されると、人件費増は大幅なものとなることが予想さ

れます。中小企業にとっては、大変な痛手です。

　それを避けるためには、求められている制度設計を行うか、それと
も、正社員と同等の待遇とするかしかありません。後者の場合、思い
切って、正社員あるいは限定正社員（勤務時間限定）として無期契約
労働者とする方法が考えられます。その場合、退職金は、従前からい
た正社員の3分の2とするなどの措置を講ずることも可能です。現に、
執筆者の顧問先で、そのような対応をしている会社もあります。

3　ウィズコロナを見据えた同一労働同一賃金

　新型コロナウィルス感染者の増大が、これまで普及しなかったテレ
ワークを一気に推し進めた感があります。

　また、次のコラム21で指摘させていただくように、年功賃金や終身
雇用が壊れ出しているのも事実であり、ウィズコロナは働き方を大き
く変える契機となり得ます。

　これまで、自社の正社員の待遇と他社の正社員の待遇と、自社のパ
ートタイム・有期雇用労働者の待遇と他社のパートタイム・有期雇用
労働者の待遇とを比べることはしてきましたが（そうでなければ、優
秀な人材の確保は無理でした。）、今後は、自社の正社員と自社のパ
ートタイム・有期雇用労働者の待遇とを比べて、単に、同一労働同一賃
金をどうすればクリアできるかという視点だけでなく、どうすれば、
生産性が上がるのか、また、労働者にとって、働きやすい職場となる
のかを真剣に検討すべき時期にきたと考えておくべきです。

| コラム21 | 働き方改革と年功賃金・終身雇用 |

　中小企業の場合、新卒の採用が難しく、年功賃金や終身雇用を必ずし
も採っているわけではありません。

　そこで、以下は、大企業での話として、お読みください。中小企業に
とっても役に立つはずです。

　令和元年12月27日の日本経済新聞に次のような記事が掲載されていま
す。すなわち、年功賃金や終身雇用への批判は、1960年代からあって、
古くて新しいで問題である。そして、「でも今度こそ本当に企業は見直
す。理由は3つある。」

　「1つは社員の年齢構成。年功賃金は『後払い型』といわれる。20～30
代に貢献度より低い賃金で働き、40～50代に貢献度より高い賃金を受け
取る。この仕組みは若い人が多く中高年が少ない社員構成でないとでき
ない。今はバブル期に大量採用した50代前半が突出して多い。貢献度よ
り高い賃金を中高年に払い続けることはできない」「2つ目は技術革新が
さらに加速していること。若いころ身につけた能力や知識が定年までも
たず陳腐化してしまう。貢献を期待できない社員を抱え続けるのも限界
だ。3つ目が働き方改革の影響だ。同一労働同一賃金が来年から企業に
求められる。正社員と非正規社員の待遇格差是正にコスト全体を抑制す
るために企業は正社員の雇用のあり方を見直さざるを得ない」との記事
です。

　執筆者は、3つ目の理由付けには、必ずしも左袒できません。中小企業
では、基本給・賞与・退職金についても、正社員と同等の支給が求めら
れるケースが一部では出てくるでしょうが、それ以外では、我が国の同
一労働同一賃金がそこまでの破壊力を秘めているとは思われないからで
す。しかし、1つ目の指摘は、そのとおりでしょうし、2つ目の指摘にし
ても技術革新が速く、社員が日常の仕事を通じて最先端技術を身につけ
ることは難しく、伝統的な職場内訓練（OJT）では人材育成が思うよう
にならなくなっているのも間違いないところです。

　そうしますと、年功賃金や終身雇用は、変わらざるを得ず、それが働
き方にも大きな影響を及ぼす時代が、目の前にまで来ているのかもしれ
ません。

　また、AIが人間の仕事を徐々に奪っていくとき、仕事を守る武器の1つは、AIがまだ及ばないその仕事の専門性を身につけておくことです。しかし、幅広い経験を積ませるために、職務をはっきり定めず人を雇っていたこれまでの採用形態では、高度な専門性を備えた人材の育成は困難であり、この点も、働き方改革を後押しすることになるでしょう。

最新
同一労働同一賃金　27の実務ポイント
－令和3年4月完全施行対応－

令和3年3月12日　　初版一刷発行
令和3年6月18日　　　　二刷発行

共　著　別　城　信　太　郎
　　　　山　浦　美　紀
　　　　西　本　杏　子

発行者　新日本法規出版株式会社
　　　　代表者　星　謙一郎

発 行 所　新日本法規出版株式会社

本　　社　（460-8455）　名古屋市中区栄1－23－20
総轄本部　　　　　　　　　電話　代表　052(211)1525
東京本社　（162-8407）　東京都新宿区市谷砂土原町2－6
　　　　　　　　　　　　　電話　代表　03(3269)2220
支　　社　札幌・仙台・東京・関東・名古屋・大阪・広島
　　　　　高松・福岡
ホームページ　https://www.sn-hoki.co.jp/

※本書の無断転載・複製は、著作権法上の例外を除き禁じられています。☆
※落丁・乱丁本はお取替えします。
ISBN978-4-7882-8832-4
5100163　最新同一賃金　　　　©別城信太郎 他 2021 Printed in Japan